Ernst Hammes

EM LÖSUNGEN *kompakt*

Teiche, Schwimmteiche, Koi-Teiche, Pools

VE *edition*

Eifelkrone-Verlag, VE edition

Die in diesem Buch vorgestellten Anwendungen der EM1-Technologie wurden nach bestem Wissen und Gewissen geprüft. In über 100 Ländern der Erde wird zum Teil unter wissenschaftlicher Betreuung gearbeitet, sorgfältig getestet und auf Sicherheit untersucht. Dennoch übernehmen weder die Autoren noch der Verlag eine Haftung für Schäden irgendwelcher Art, die sich aus dem Gebrauch der hier vorgestellten Anwendungen ergeben. Sollten Sie Zweifel haben, unterlassen Sie die Anwendung und nehmen Sie sachkundige Hilfe in Anspruch. Sachkundige Hilfe finden Sie je nach Fragestellung bei Ihrem Naturheilarzt oder Heilpraktiker oder in technischen Fragen bei Ihrem zertifizierten EM-Berater.

Layenstraße 27
D-54570 Neroth
www.eifelkrone-musik.de

Layout, Satz, Umschlaggestaltung: Christoph Raffelt

Printed in Lettland, Livonia Print
Erstauflage August 2006
Zweite, unveränderte Auflage März 2008
Dritte, unveränderte Auflage Juni 2009
Vierte, unveränderte Auflage Juni 2012

ISBN 978-3-937640-33-4

Inhalt

Vorwort

Wasser im Garten belebt. Wasser ist die Grundlage allen Lebens, so wie wir es aus naturwissenschaftlicher Sicht kennen. Babys bestehen zu über 80 % aus Wasser, ältere Menschen werden trockener, haben dann aber immer noch mehr als 60 % Wasser.

Wasser beruhigt. Wasser zieht Leben an. Wasser und Freizeit gehören für den modernen Menschen zusammen.

Es gibt viele Gründe, sich Wasser in die häusliche Umgebung zu holen. Und einer reicht schon: Ein Teich im Garten ist ganz einfach schön. Ich selbst hätte auch gerne einen Teich im Garten. Ein schöner Teich braucht jedoch Pflege, die ich bei meinem Lebensstil nicht gewährleisten kann.

Im ausgedehnten Waldgebiet des Kottenforstes liegen verborgen viele kleine Teiche. Sie sind für viele Tiere eine ruhige Rückzugsmöglichkeit. Im Laufe der natürlichen Entwicklung werden auch sie verlanden.

Dafür habe ich liebe Freunde mit Gartenteichen, ich kann den Kottenforst, ein großes Waldgebiet zwischen Bonn und Köln mit vielen Tümpeln und Bächen, zu Fuß in fünf Minuten erreichen. Der Rhein und die Ahr liegen gerade mal 15 km entfernt.

So beobachte ich seit über 50 Jahren die Entwicklung von stehenden und fließenden Gewässern. Die Natur lehrt und zeigt uns, wie sie selbst mit den einzelnen Elementen der Landschaft um-

Der Rhein ist wie viele andere schiffbare Flüsse schon lange kein natürliches Gewässer mehr. Durch die Einleitung warmen Abwassers ist er so warm geworden, dass auch bei langen Frostperioden keine Eisschollen mehr vorkommen. Die starken Motoren der Schiffe erzeugen mit den Schiffsschrauben einen so starken Sog, dass das Wasser am Ufer bei einer Vorbeifahrt um bis zu 20 cm absinkt. Die Wasserqualität ist aber nach katastrophalen Zwischenzeiten in den 60er und 70er Jahren wieder so gut, dass in den Nebenflüssen Lachse wieder angesiedelt wurden, die als Jungtiere durch den Rhein das offene Meer erreichen und zum Ablaichen zurückkehren. Dennoch bleibt noch viel zu tun.

geht, wo sie Hilfe braucht oder wo und wie sie sich selbst hilft.

Fachlich geschult ist mein Blick auf die Natur durch über 30 Jahre Tätigkeit als Landwirtschaftsberater; seit 1998 bin ich außerdem EM1-Fan und -Lehrer.

Dieter Aust hat einen kleinen Teich mit vielen Fischen in seinem Garten und seine Kinder wollen die Fische auch füttern.

Er ist wie ich ein engagierter Naturbeobachter. Nach seinem Studium des Gartenbaus hat er sich viele Jahre professionell als

Referent für Gartenbau mit Wasser im Garten und Wasser als Landschaft gestaltendes Element auseinandergesetzt.

Aus der Beratungspraxis kennt er viele Techniken, die man heute üblicherweise benutzt. Er ist wie ich inzwischen EM-Lehrer, nachdem auch er vorzeitig in den Ruhestand ging.

Eine Kombination aus Stein, Beton, Beet und Wasserfläche schafft diese gemütliche Ecke. Im Teich sieht man am grünen (nicht braunen) Bodenbelag aus Algen, dass der Teich so richtig gut in Ordnung ist. www.gartenbau-rudolf.de, Garten- und Landschaftsbau mit EM-Technologie.

So können wir im Team eine kritische Auseinandersetzung zwischen der heute üblichen Gartenteichplanung und den Grundgesetzen der Natur führen. Uns beiden ist bewusst, dass in der praktischen Gestaltung eines Gartens oder eines Koi-Teiches jeweils die individuellen Ziele des Bauherrn in den Vordergrund treten müssen.

Wer bezahlt, bestimmt die Musik. Wenn Sie das Ziel haben,

Wasser in seiner ursprünglichen Kraft zu genießen, ist die EM-Technologie ein wichtiger Bestandteil der Gartenplanung. Liegen bei Ihnen die gestalterischen Elemente eher an der Spitze der Wünsche, können Sie unter Berücksichtigung der Grundgesetze der Natur mit EM-Technologie wesentliche Kosten in der Anlage und im Betrieb eines Gewässers einsparen.

Folgen Sie uns durch die Welt des Wassers im Garten! Nutzen Sie die Logik von EM1, damit der Teich im Garten oder auch der Swimmingpool noch mehr Freude macht.

Nur Wasser ohne chemische Zusätze vermittelt die wahre Freude am Wasser.

Die wissenschaftlichen Erkenntnisse und die Erfahrungen aus der Praxis setzen wir nun in Empfehlungen für Gartenteiche mit und ohne Fische und für Schwimmbäder um.

Unsere Erfahrungen beruhen auf dem Umgang mit dem hier erwähnten EM1. Am Markt werden viele verschiedene sogenannte Multimikrobenpräparate auf der Basis von Milchsäuremikroben angeboten. Jedes Präparat hat seine Berechtigung. Wir aber arbeiten mit EM1, weil es sich in unserer Praxis am besten bewährt hat.

Diese Kombination von Mikroben, die Prof. Dr. Higa gefunden hat und die ausschließlich über von ihm autorisierte Unternehmen vertrieben wird, hat ihren Namen »Effektive Mikroorganismen« wirklich verdient. Sachgerecht angewandt stellen sich in 80 bis 90 % der Fälle die erwarteten Erfolge ein.

Wenn es nicht klappt und Sie Fragen haben, wenden Sie sich an die gut ausgebildeten »Zertifizierten EM-Berater«, deren Lehrer wir sind. Wenn die nicht weiter wissen, fragen die Berater uns. Sie bekommen so immer eine Hilfestellung.

Ernst Hammes

1 Was ist EM-Technologie?

Die Naturwissenschaften lehren uns heute, dass auf der Erde nichts verloren geht. Kein Stoff kommt hinzu, keiner geht verloren. Die Natur kennt keinen Abfall. Alles, was sein Leben gelebt hat, dient im nächsten Lebenszyklus wieder als Grundlage für neues Leben.

Selbst das zuerst giftige Erdöl (ein natürliches Produkt aus faulenden Pflanzen oder Tieren) dient nach vielen Jahren und einem Umbau durch Urbakterien wieder dem Pflanzenwachstum und dem Leben.

Auch Abfall aus Atomkraftwerken wird die Natur auf dieser Erde nicht endgültig besiegen. Es braucht viele tausend Jahre, bis das Schädigungspotenzial von atomaren Abfällen umgebaut ist. Dann aber wird neues Leben auch solche menschlichen Hinterlassenschaften überwinden.

Die Natur auf dieser Erde ist auf Jahrmillionen programmiert. Es gibt für sie kein Ende, solange die Erde vorhanden ist.

Schon einmal haben Mikroben aus einem unwirtlichen Planeten diesen wundervollen Blauen Planeten geschaffen. Die ersten Siedler auf der Erde, als diese vor fünf Milliarden Jahren noch wüst und leer war, waren die Urmikroben. Sie konnten sich hier ansiedeln, aus den giftigen Substanzen Energie schöpfen und Sauerstoff freisetzen. Sie waren die Grundlage für höheres Leben.

Was sind Mikroben?

Mikroben sind Bakterien, Hefen, Pilze und viele andere Arten von Einzellern. Sie sind die Lebewesen, die die Erde überall besiedeln. In einer Handvoll Erde leben mehr Mi-

kroben, als es Menschen auf der Erde gibt. Sie besiedeln alle Oberflächen und steuern die Umsetzung aller organischen Substanz auf der Erde. Man findet lebende Mikroben auf und in Meteoriten, in 3 km Tiefe in der Erde, am Rand von Vulkanen, in den lebensfeindlichen Schwefelquellen und in der tiefsten Tiefsee.

Mikroben überleben alle widrigen Umstände in unserem Sonnensystem. Da viele Arten sich unter den passenden Bedingungen sehr schnell vermehren – alle 20 Minuten –, sind sie sehr anpassungsfähig.

Unsere Strategien, Mikroben wegen erwünschter Sauberkeit zu töten (desinfizieren), scheint nicht sehr sinnvoll zu sein, wie die multiresistenten Mikroben in den Krankenhäusern und die immer wieder gegen Spritzmittel resistent werdenden Pflanzenschädlinge zeigen.

Wir brauchen neue Bewertungen unseres Wissens und neue Strategien, damit das Leben auf der Erde angenehmer wird. Wer mehr darüber wissen will, sollte das Buch »EM-Lösungen Haus und Garten« lesen.

Die Natur auf dieser Erde funktioniert nach dem Prinzip, dass jede organische Substanz (Pflanzen und Tiere) in einem ewigen Kreislauf entsteht und wieder abstirbt. Das Absterben bedeutet nicht das Ende. Aus dem abgestorbenen organischen Material entstehen neue Pflanzen und Tiere.

Unangenehm ist aber, wenn absterbendes organisches Material zu faulen beginnt. Dann stinkt es. Falls die Natur Erdöl oder Kohle herstellen will, ist das für sie richtig. Wir fühlen uns durch solche Vorgänge aber gestört, weil wir das Lebendige um uns herum schätzen, nicht die Konserve.

Wenn es unangenehm riecht, haben sich solche Mikroben in der organischen Masse vermehrt, die Ausscheidungsprodukte absondern oder herstellen, die auf Pflanzen und alle höheren Lebewesen krank machend wirken. Das erleben wir bei schlecht geführtem Kompost oder auch in Teichen, auf deren Grund die Ablagerungen nach faulen Eiern riechen. Diese Geruchsstoffe aus dem Teichboden sind lästig wie schlechte Gülle oder auch schlecht behandelte Abwässer.

Solche Stoffe dienen nur sehr unzureichend der Pflanzenernährung und können von der Natur nur in langfristigen Prozessen bearbeitet werden.

Der üble Geruch signalisiert, dass »etwas faul« ist. Wenn organische Substanz nicht fault, wie etwa in einer guten Gartenerde oder in gutem Waldboden, nehmen wir einen angenehmen, herzhaft würzigen Geruch wahr. Diese erwünschten Geruchssubstanzen sind die Ausscheidungsprodukte anderer Mikroben.

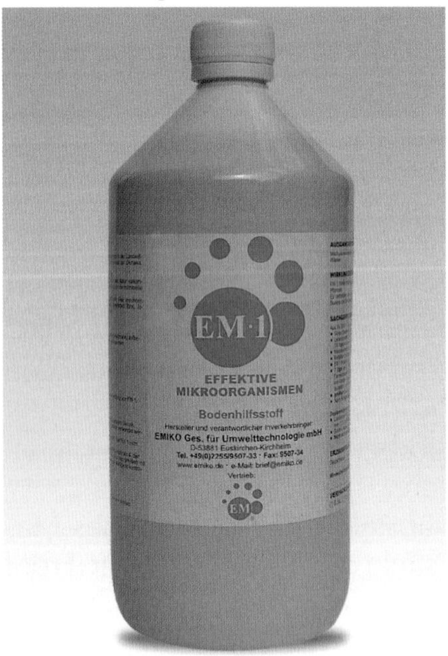

EM-1

Diese erwünschten Mikroben, so hat der japanische Gartenbauwissenschaftler Prof. Dr. Teruo Higa schon 1982 festgestellt, lassen sich in einem milchsauren Milieu züchten. Er erkannte damals, dass man mit Zuckerrohrmelasse als Nahrungsgrundlage solche Mikroben vermehren kann, die, in ein faulendes Umfeld eingebracht, faulende organische Masse so beeinflussen, dass dort wieder ein lebensfreundliches Umfeld entsteht. Diese braune Flüssigkeit nannte er »Effektive Mikroorganismen«, EM1.

Weltweit wird in über 130 Ländern der Erde mit EM1 gearbeitet. Mehrere Universitäten entwickeln das Wissen um die Beeinflussung von Fäulnis durch EM1 immer weiter.

EM1 findet Anwendung in der Landwirtschaft, der Medizin, der Hygiene und in der Umwelttechnik.

Wir arbeiten mit EM1 und keinem anderen Präparat, weil in unseren Experimenten die EM-Technologie von Prof. Dr. Higa immer schneller und zuverlässiger zum erwünschten Ergebnis führte als die Anwendung von Mitteln, deren Hersteller behaupten, Besseres gefunden zu haben. Deswegen arbeiten wir auch nur mit den Partnern zusammen, die von Prof. Dr. Higa autorisiert sind.

In den gleichen Aufgabenbereichen wird auch EM-X-Keramik eingesetzt. Sie wird aus einem sehr speziellen Ton gefertigt, der unter dem Einfluss von EM1 über lange Zeiträume gereift ist und dann gebrannt wird. Diese EM-X-Keramik wird in verschiedenen Formen angeboten.

graue Pipes

In der vorliegenden Schrift wird die Verwendung der sogenannten »grauen Keramik« beschrieben. Der Ton wurde bei über 1000 °C gebrannt. Dass diese Keramik Wasser verändert und Pflanzenwachstum fördert, haben die Autoren in vielen verschiedenen Experimenten geprüft. Trotzdem besteht noch viel Forschungsbedarf, um die unterschiedlichen Beeinflussungen im Detail zu klären. Wenn aber etwas in der Praxis funktioniert, sei hier schon einmal darauf hingewiesen.

Unsere Erfahrungen beruhen nicht nur auf der EM-Anwendung in Freizeitgewässern. Die ersten Erfahrungen stammen aus der professionellen Fischzucht. Europas größte Zucht von Welsen (Waller) zum Beispiel arbeitet seit Jahren mit EM. Auch in der Zucht von Flusskrebsen zur Lebensmittelerzeugung oder in Forellenzuchten wird EM seit Jahren sehr erfolgreich angewendet.

Natürlich verlassen sich auch viele Koi-Züchter auf die reinigende Kraft der kleinen Helfer. Haben Sie Interesse an der Besichtigung solcher Betriebe, wenden Sie sich an den EM e.V., einen gemeinnützigen Verein, der sich zum Ziel gesetzt hat, das Wissen über die praktische Anwendung guter Multimikrobenpräparate allen Menschen zugänglich zu machen.

Wollen Sie professionelle Auskunft, erkundigen Sie sich bei dem zertifizierten EM-Berater in Ihrer Nähe. Sie finden Kontaktadressen für das deutschsprachige Europa im Anhang.

2 Wasserfunktionen

»Die Menschen sind wie das Meer, manchmal glatt und freundlich, manchmal stürmisch und tückisch – aber eben in der Hauptsache nur Wasser«, beschreibt Albert Einstein seine umfassende Ansicht des Lebens in der ihm eigenen Art.

Alles Leben kommt aus dem Wasser und lebt mit dem Wasser. Deswegen übt das Wasser seine Faszination auf fast alle Menschen aus.

Wasser signalisiert Reinheit und Wiedergeburt. Das sich selbst reinigende System Wasser ist einfach spannend und inspirierend und zugleich beruhigend. Deswegen hatten die Könige in ihren Gärten Wasser. Ludwig XIV. installierte in den um 1660 erbauten Schlossanlagen von Versailles 1400 Wasserspiele und zahlreiche Teiche. Später, etwa ab 1730, entstanden die sogenannten »Englischen Gärten«, die in weiten Parkanlagen

Die Springbrunnen in der Gartenanlage von Schloss Brühl sorgen neben schönen optischen Effekten im Sommer auch für Wärmeregulierung und Sauerstoffeintrag ins Wasser.

naturnähere große Wasserflächen hatten, wie in Sanssouci in Potsdam oder im Bergpark der Wilhelmshöhe in Kassel.

Japanische Gärten, hier der Japanische Garten in der Rheinaue in Bonn, haben eine sehr eigene Atmosphäre. Mit Wasser, Stein und Pflanzen erklären sie das ganze Universum und die Beziehung zu den höheren Mächten.

Wir denken heute kaum bewusst an diese Geschichte des Wassers in Gärten. Wir suchen ein Gefühl, das sich in der eher künstlerisch angelegten oder natürlichen Form des Wassers in unseren Gärten widerspiegelt.

Nur die wenigsten Menschen können die besondere Freude an einem natürlich fließenden Gewässer in ihrem Garten genießen. So viele Flüsse und Bäche gibt es nicht, dass jeder Teichliebhaber einen durch seinen Gartenteich leiten könnte. Deswegen sind fast alle Gewässer in den Gärten stehende Gewässer, auch wenn die Bauherren gerne mit technischer Hilfe Bewegung schaffen.

Ein durchbohrter Findling bildet als Quelle einen interessanten Blickfang.

Springbrunnen oder kleine Wasserläufe vermitteln den schönen Schein bewegten Wassers.

Die Teiche bleiben aber trotz der Pumpen und anderer Technik kleine Teiche mit sehr beschränkter Wasserbe-

Im Fachhandel und in Gartencentern werden heute die verschiedensten Fertiglösungen für Springbrunnen angeboten. Das leise Plätschern wird die späteren Besitzer beruhigen. Zur Förderung der Wasserstabilität kann man bei einer so kleinen Wassermenge kaum etwas anderes tun, als ein halbes Päckchen graue Pipes in das Wasser zu legen. Aber auch sie werden nicht verhindern, dass man das Wasser im Sommer entweder chlorieren oder bei großer Hitze alle paar Tage austauschen muss.

wegung. Einen Vorteil haben solche Bewegungshilfen für das Wasser jedoch: Die Bewegung bringt zusätzlichen Sauerstoff ins Wasser und hilft den sauerstoffbedürftigen Lebewesen, ihre Funktion in diesem Gewässer auszuüben. Das bringt biologische Vielfalt, Qualität und Stabilität.

Regen schlägt aufs Wasser im Teich auf und bringt Sauerstoff, Staub und manchmal auch Schmutz mit.

3 Seen, Weiher, Teiche und Tümpel

Natürliche stehende Gewässer haben grundsätzlich die Neigung zu verlanden. Jahr um Jahr fallen organische Substanzen hinein. Es ist immer nur eine Frage der Zeiträume, wann stehende Gewässer sich so weit verändert haben, dass nur ein nasser Fleck Erde übrig bleibt, der sich immer mehr der Umgebung anpasst.

Wir sprechen von einem See, wenn wir ein großes stehendes Gewässer sehen, das auch eine gewisse Tiefe hat. Seen können sehr unterschiedlich sein: nährstoffreich, nährstoffarm, von kleinen Bächen durchflossen oder von starken Flüssen, wie der Bodensee. Sie bilden Rückhaltebecken für die Flüsse und Bäche bei Hochwasser, sind Verdunstungsfläche und nehmen mehr oder weniger stark Einfluss auf das regionale Klima.

Der Dümmer See und auch das Steinhuder Meer, beide im norddeutschen Tiefland gelegen, sind Beispiele für Seen, die sich in Richtung Weiher entwickeln. Die beiden Gewässer sind nicht sehr tief und zeigen eine starke Tendenz zur Verlandung. Sie haben einen völlig anderen Charakter als z. B. der Chiemsee oder der Königssee im Vorfeld der Alpen, die noch sehr tief sind. In diese Seen werden auch viel weniger Nährstoffe eingespült, weil sie relativ wenig belastetes Wasser aus den Bergen bekommen, nicht aus Regionen mit Belastungen von unserer Zivilisation.

Weiher nennen wir stehende Gewässer, die vielleicht 2 m und weniger tief sind. Im Volksmund werden sie oft Entenweiher oder Dorfweiher genannt und haben meist einen intensiven Bewuchs, weil das Sonnenlicht die Pflanzen unter Wasser in der geringen Tiefe gut erreicht.

Ist das Gewässer künstlich angelegt, nennen wir es Teich. Löschteiche dienten in den alten Klosteranlagen dem Schutz vor Bränden, waren aber oft gleichzeitig Erzeugungsort für die Fastenspeise Karpfen.

Die Fischteiche in Franken oder im Oderbruch sind Anzeichen jahrhundertealter agrarischer Kultur, die sich bis in die heutigen modernen Fischerzeugungsanlagen weiterentwickelt haben. Menschen schufen diese Wasserbecken, um möglichst kostengünstig hochwertiges Eiweiß zur Ernährung bereitzustellen.

Tümpel sind Gewässer, meist nur wenige Dezimeter tief, die als Rest eines Sees, der zuerst zum Weiher geworden war, geblieben sind. Manchmal sind es auch nur mit Wasser gefüllte Senken, deren Füllzustand von der Intensität der Niederschläge abhängt. Auch Teiche, die nicht mehr gepflegt werden, werden zu Tümpeln und verlanden letztendlich.

Dieser Altrheinarm bei Xanten hat seit etwa 200 Jahren nur noch bei Hochwasser mit Vater Rhein Kontakt. In fünftausend Jahren wird auch von diesem Gewässer nur noch ein Tümpel übrig sein, wenn der Fluss sich nicht wieder den alten Weg aussucht und die Verschlammungen hinwegspült.

Dieser Tümpel hat nur noch acht bis zehn Wochen Wasser, wenn der Sommer regenarm wird. Bis dahin müssen sich die Kaulquappen zu Kröten entwickelt haben, sonst wird der Tümpel auch der Ort, an dem sie als Pflanzennahrung in den Kreislauf der Natur zurückkehren.

Dieser Teil eines ehemaligen Rheinarmes ist so weit verlandet, dass nur noch bei sehr hohem Grundwasserstand Wasser dort steht. Die Vegetation mit den wunderschönen Lilien und harten Gräsern zeigt, dass dort immer noch viel Feuchtigkeit ist. Die Vegetation wird dafür sorgen, dass das Land immer höher wird und das Wasser immer seltener die Vorherrschaft übernimmt.

Verfolgt man die Entwicklung eines ehemals großen Sees über Jahrhunderte oder Jahrtausende, findet man am Ende regelmäßig einen Tümpel. Untersucht man die Entwicklung von Seen über Jahrmillionen, findet man Lagerstätten von Erdöl, Erdgas, Kohle oder Torf. Auf dieses Phänomen werfen wir nun einen intensiveren Blick.

Erdöl, Erdgas und Kohle sind nichts anderes als vor sehr langer Zeit abgestorbene Pflanzen oder Tiere. Sinken solche organischen Materialien in tiefere Wasserschichten, können sie dort im Regelfall nicht vererden, sondern sie faulen.

Faulen bedeutet, dass beim Abbau organischer Substanz Produkte entstehen, die übel riechen.

Während des Verfassens dieser Schrift gab es einen »Chemieunfall« in einer der größten Konzentrationen von Erdölverarbeitungsstätten in Wesseling-Godorf bei Köln. Dort trat eine »Giftwolke« aus, die extrem unangenehm stank. Den absolut üblen Geruch entfalteten Mercaptane, die dem Erdöl entzogen werden und durch einen

In diesen Anlagen der Petrochemie in Godorf bei Köln wird Erdöl verarbeitet. Die von dort ausgehenden Gerüche erinnern die Anwohner im näheren und weiteren Umkreis immer wieder daran, dass Erdöl aus verfaulter organischer Substanz, Pflanzen und Tieren, besteht. Die Natur hatte die Materialien aus dem weiteren Kreislauf des Lebens herausgenommen und durch die Faulprodukte dafür gesorgt, dass die Nährstoffe nicht mehr dem Pflanzenwachstum dienen. Wir verbrauchen diese eingelagerte Sonnenenergie und geben die Nährstoffe wieder in den Kreislauf des Lebens zurück.

Leitungsbruch ins Freie entweichen konnten. Noch 50 km in Windrichtung entfernt wurden Schulen evakuiert.

In übel riechender Gülle oder in belästigenden Abwässern sind die gleichen Stoffe, die Mercaptane, die sie uns so unsympathisch machen.

Der Umbau organischer Substanz zu Erdöl geschieht durch Mikroben, die giftige Substanzen in solch großer Menge bilden, dass die Kohlenstoffverbindungen nicht völlig gelöst werden können. Diese Kohlenstoffverbindungen dienen uns heute dazu, unsere Wohnung zu heizen, Auto zu fahren oder auch die

Nächte zu erhellen oder die Hitze im Sommer zu kühlen. Die abgestorbenen Pflanzen, die sich nicht haben auflösen können und sich in giftige Formen verwandelt haben, sind heute immer noch die Grundlage der Energieversorgung. So gesehen nutzen wir die in die Pflanzen eingelagerte Energie der Sonne, die sie vor sehr langer Zeit erzeugt hat.

Die natürliche Giftigkeit dieser Energiereserven schützt sie eigentlich vor der Wiedereingliederung in die natürlichen Kreisläufe. Wir aber bringen deren Substanz durch Verbrennen wieder in die Kreisläufe ein.

Erdgeschichtlich hat dieser Vorgang von Energieeinlagerung in die Tiefen der Erde eine sehr große Bedeutung für die Menschheit. Denn dadurch wurde sehr viel Kohlensäure (CO^2) aus der Atmosphäre in die Erde eingelagert. Die Zusammensetzung der Atmosphäre der Erde veränderte sich so sehr, dass Tiere und Menschen hier leben können.

Aus der Perspektive der heutigen Menschheit war es ein sehr glücklicher Umstand, dass organische Substanz unter Wasser sich nicht so weit auflöste, dass daraus neues Leben entstand. Ihre Giftigkeit ist aber nicht absolut. Sie kann die Existenz des Lebens auf der Erde nicht endgültig bedrohen.

Aus langfristigen Dokumentationen über die Entwicklung der Flora am Meeresgrund nach Tankerunfällen wissen wir, dass auch dieses »Gift« von der Natur wieder eingegliedert werden kann. In den ersten Jahren ist alles Leben an den Unglücksstellen verschwunden. Nach zwanzig, dreißig Jahren finden wir dort jedoch wieder wunderbar vielfältiges Leben. Pflanzen und Tiere in unvorstellbarer Vielfalt haben sich entwickelt.

Der Grund sind Urbakterien, die aus diesen giftigen Substanzen Energie gewinnen können und selbst Sauerstoffproduzenten sind. Damit schaffen sie die Voraussetzung dafür, dass weiterentwickelte Lebewesen Platz zum Leben finden.

Das Leben profitiert von der im Erdöl eingelagerten Sonnenenergie. Das Erdöl wirkt wie ein sehr effektiver Dünger auf die Pflanzenwelt. Die giftigen Substanzen werden durch Mikroben (Bakterien, Hefen, Algen, also verschiedene Einzeller) umgewandelt. Diesen Vorgang beschreiben die Wissenschaftler in der gleichen Art, wenn sie die Verwandlung der Erde seit der Entstehung bis heute beschreiben.

»Und die Erde war wüst und leer«, sagen die Bibel und mit ähnlichen Worten andere bedeutende Weisheitsbücher, wie der Koran oder die Bhagavad Gita. Durch naturwissenschaftlich inzwischen ziemlich genau beschreibbare Vorgänge entstand dieser wunderschöne Blaue Planet Erde aus den wüsten Ursprüngen.

Wollen wir aber Wasser im Garten genießen, erscheint uns dieses Naturgesetz der stehenden Gewässer als störend. Wir wollen einen Zustand herstellen und diesen über viele Jahre unverändert erhalten.

Bei einer solchen Zielsetzung müssen wir einen Gartenteich gezielt pflegen und dafür sorgen, dass alle organischen Substanzen (Pflanzen, Pflanzenteile, Fischfutter, Kot der Fische und Vögel, absterbende Tiere) und Mineralien (Stickstoffeintrag und andere Mineralien aus der Luft), die in den Teich fallen, nicht faulen können.

Wir können mit teuren technischen Geräten, wie Pumpen und Filtern, arbeiten oder aber wesentlich kostengünstiger die mikrobiellen Verhältnisse mit EM1 beeinflussen. Je nach Zielsetzung, natürlichen Umständen und gewollten finanziellen Aufwendungen kann auch eine Kombination von Technik und Mikroben das sinnvolle Managementsystem sein.

Im Folgenden werden wir Ihnen die möglichen Systeme vorstellen, die Ihnen bei geringstem Aufwand möglichst viel Freude am Wasser im Garten und im Swimmingpool bieten.

4 Gartenteiche

Gartenteiche, angelegt um sich an schönen Wasserpflanzen oder offenen Wasserflächen im Garten zu erfreuen, bleiben nie, wie sie sind. Lässt man zum ersten Mal Wasser ein, färbt sich dieses im Sommer schon nach wenigen Tagen grün ein. In der Wärme entwickeln sich Algen und das Wasser wandelt sich in eine grüne, undurchsichtige Brühe.

Viele Fachunternehmen des Garten-, Landschafts- und Sportplatzbaus haben sich deswegen inzwischen auf die Anlage von Wasserelementen im Garten spezialisiert und bieten eine umfangreiche Planung und Beratung an.

Im Regelfall wird nach den Wünschen des Kunden eine Grube ausgehoben. In diese wird eine spezielle Teichfolie eingebracht, die dafür sorgt, dass das Wasser nicht im Erdreich versickert. Diese Folien sind fast alle aus dem gleichen Material, werden aber in unterschiedlichen Stärken angeboten. Die notwendige Stärke für Ihre Teichgröße sollten Sie mit einem Fachmann diskutieren, ebenso den richtigen Unterbau.

Bei großen Teichen ab 200 m^2 empfiehlt es sich meistens, eine mit Gewebe verstärkte Folie einzusetzen. Diese ist gegen mechanische Belastungen widerstandsfähiger, aber sie ist auch schwerer zu verlegen.

Für große und kleine Teiche gibt es inzwischen viele Fertigelemente aus Kunststoff, in denen man sein Gewässer einrichten kann. Diese Fertigelemente verlangen eine sehr saubere Vorbereitung der Baugrube, die den Formen des Fertigelementes angepasst sein muss.

In der Praxis hat es sich als sinnvoll erwiesen, den Raum zwischen Formteilen und Baugrube sehr sauber mit feinem, rieselfähigem Sand zu verfüllen. Aber auch bei noch so sorgfältiger Planung und Ausführung verbleibt ein freier Raum zwischen

Im Baumarkt signalisiert ein solcher beispielhafter Aufbau eines kleinen Fertig-Gartenteiches, dass hier Freude am Wasser im Garten einfach zu erwerben ist. Der technische Aufwand wird es schon richten. Doch die geringe Pflanzenmenge im Teich bei vielen Pflanzen rundherum kann nicht durch die gewaltige Leistung der zugeschalteten Pumpe ersetzt werden. Die zehnfache Pflanzenmenge, kombiniert mit einem Zehntel der Pumpleistung, würde für frisches Wasser sorgen. Ein bis zwei Liter EMa vier- bis fünfmal im Jahr und eine einmalige Gabe von 500 g EM-X-Keramikpulver wären eine Versicherung dafür, dass das Wasser klar bleibt.

dem Erdreich und der Kunststoffwand des Teichbehälters. Die Füllung sollte deshalb immer so eingebracht werden, dass das Niveau des Sandes mit dem einlaufenden Wasser übereinstimmt. So drückt der Wasserdruck die Kunststoffschale nicht gegen eventuell doch übersehene Steine in der Wand oder im Boden der Baugrube, was auf Dauer für die Haltbarkeit der Schale nicht förderlich wäre.

Schon ein halber Quadratmeter Teich ist schön. Kann er größer sein, sind den Gestaltungsmöglichkeiten kaum Grenzen gesetzt.

Für die fachliche Vorbereitung und Planung eines Teiches empfiehlt der Autor das Buch »Der Wassergarten«, inzwischen in der achten Auflage bei Ulmer erschienen. Leider hat dort die EM-Technologie noch keinen Einzug gehalten. Das kommt wohl

Fische zu halten, damit die Kinder auch diese Tiere füttern und beobachten können, ist das Ziel bei diesem Teich. Er ist nicht in den Boden eingelassen und friert im Winter bis auf den Grund zu. Deswegen überwintern die Fische im Aquarium im Haus. Hier braucht man im Jahr ein bis zwei Liter EM und den kleinen Springbrunnen, damit die Reste des Fischfutters und der Fischkot nicht faulen und das Wasser gesund bleibt.

spätestens in der übernächsten Ausgabe.

Erstaunlich ist das umfangreiche technische Zubehörangebot. Pumpen, Filter und UV-Lampen scheinen unbedingt nötig zu sein, damit ein Teich klar bleiben kann.

Algenmittel, Wasseranalysegeräte und viele andere technische Errungenschaften mehr beleben das Geschäft mit den Gartenteichen. In den Buchhandlungen finden wir über 200 überwiegend sehr interessante Bücher zu Gartenteichen.

Fast alle Gartencenter haben ein umfangreiches Angebot an Wasserpflanzen. So ist am Markt alles vorhanden, oft auch zu sehr erschwinglichen Preisen, um der Fantasie und den individuellen Vorlieben freien Lauf zu lassen.

Wasserflächen im Garten sind wunderschöne Biotope. Schon nach sehr kurzer Zeit kommen die verschiedensten Besucher, die man bisher nicht hat beobachten können. Libellen, Wasserläufer, Gelbrandkäfer und Amphibien wandern ein. Diese Tiere haben sonst in unserer Umwelt wenig Platz, weil ihre Lebensmöglichkeiten an Wasser gebunden sind.

In unserer Kulturlandschaft haben wir in der Vergangenheit große Feuchtflächen trockengelegt. Wir wollen Flächen, die wir bewirtschaften können. Feuchtflächen sind für Menschen kaum nutzbar. Außerdem sind sie oft der Nährboden für Moskitos und viele Lästlinge.

Diese Teichanlage schafft in einem relativ kleinen Garten eine beschauliche Ruhezone. Das Wasser bleibt durch Umpumpen über einen kleinen Wasserlauf in Bewegung. Die Zahl der Pflanzen im Bachlauf sollte noch wesentlich erhöht werden, damit auch in Zukunft das Wasser klar bleibt. Eine leichte Braunfärbung beim Algenbewuchs im Bachlauf zeigt an, dass die Nährstoffumsetzung noch nicht optimal verläuft.

Gerade Amphibien haben es schwer. Sie brauchen zum dauerhaften Überleben Gewässer ohne Fische. Fische fressen gerne den Laich der Amphibien, sodass die Fortpflanzungsmöglichkeiten sehr eingeschränkt werden.

Häufig erleben wir aber, dass solche von Menschenhand angelegten Biotope doch schnell auch von Fischen besiedelt werden. Enten und andere Wasservögel, die auf der Wasserfläche ausruhen, bringen wahrscheinlich im Gefieder Fischlaich mit, der sich dann zum Fisch entwickelt. Die Entstehung solcher Kleingewässer ist im Kleinen immer wieder ein Abbild der Entwicklungs- und Besiedlungsgeschichte der Erde und kann den geneigten Beobachter faszinieren.

Sollte sich jedoch ein nordamerikanischer Ochsenfrosch ansiedeln, bleibt einem kaum etwas anderes übrig, als ihn zu jagen, wenn man Artenvielfalt haben will. Ochsenfrösche werden bis zu 2,5 kg schwer und schmecken so schlecht, dass weder Storch noch Reiher sie mögen. Sie selbst fressen alles, was ihnen vor das Maul kommt und minimieren die Artenvielfalt. Der Ochsenfrosch ist ein typisches Beispiel dafür, dass man Tiere aus anderen Gebieten nicht so einfach irgendwo in der Welt ansiedeln sollte.

Warten wir doch auf die langsamen Besiedlungswege der Natur!

4.1 Wie ein Teich in der Natur funktioniert

Da Natur immer darauf ausgerichtet ist, mehr Leben hervorzubringen, siedeln sich in einem vom Menschen gestalteten Platz wie einem Teich alle Elemente der Natur an: Kleinstlebewesen, höhere Pflanzen und Tiere. Wenn man dies beobachtet und beachtet, kann man solche Elemente sofort mit in die Planung des Teiches einbeziehen. Daraus ergibt sich die Logik der Teichplanung.

Nicht das vordergründige Gestaltungsbedürfnis des Menschen sollte einen Teich bestimmen, sondern der natürliche Plan. Und zum Plan der Natur gehört nun einmal, dass in unseren Breiten Teiche nur klar bleiben, wenn etwa ein Drittel der Grundfläche des Teiches einen intensiven Pflanzenbewuchs aufweist.

Zu einem Gewässer gehören flache und tiefe Wasserzonen und der Übergang zum festen Land ist im Regelfall nicht abrupt, sondern sanft.

Wasser und Land im Übergang ergeben immer ein besonders spannendes Biotop. Wasser liebende Landpflanzen und Land liebende Wasserpflanzen finden hier ihr Zuhause. Dies ist die »Kinderstube« der Wassertiere, weil sie hier Deckung finden, und der Spiel- und Badeplatz für die Gartenvögel. Gleichzeitig hat der intensive Bewuchs auch eine Wasser reinigende Funktion. In diesem Bereich sollten 5 bis 50 g EM-X-Keramik je Quadratmeter Teichfläche von vornherein eingebaut werden und man sollte dort keine »Teicherden« verwenden. Lava- oder Zeolith-Splitt als Grundlage für die Pflanzenwurzeln wäre ideal.

Nur wenn die Erde wenig organische Nährstoffe hat, ziehen die Pflanzenwurzeln möglichst viele organische Reste aus dem Wasser heraus. Es dauert zwar etwas länger, bis die Pflanzen groß und kräftig sind, aber spätestens der nächste Laubfall im Herbst oder der Pollen- und Samenflug im Frühling wird so viele Nährstoffe eintragen, dass sich die Pflanzen dann gut entwickeln.

Soll ein Gewässer länger intakt bleiben, braucht es in unseren gemäßigten Zonen einen Tiefwasserbereich. Dessen notwendige Tiefe ergibt sich aus dem Zusammenwirken der Ansprüche des Lebens von Tieren und Pflanzen und den physikalischen Eigenschaften des Wassers. Leben braucht Wärme und Wasser. Wasser hat bei einer Temperatur von 4 °C die größte Dichte und sinkt in diesem Zustand immer an die tiefste Stelle eines Gewässers. Fische und Amphibien können bei 4 °C überwintern, da sich ihre Körpertemperatur der Umgebung anpasst. Wenn sie einfrören, würden sie nicht überleben. Also sind diese physikalischen Anomalien des Wassers eine sehr intelligente Strategie der Natur, die allen Beteiligten ein Überleben sichert.

Das Eis des Winters schwimmt somit über der 4 °C warmen Wasserschicht. Es isoliert und schützt das Wasser vor weiterem Energieverlust, vor weiterer Auskühlung. So sind die Tiere geschützt.

Ist das Wasser nicht tief genug, dringt der Frost trotz der Isolierung weiter in die Tiefe und erreicht die überwinternden

Tiere. Sie erfrieren dann.
Im Rheinland reichen bei den zu erwartenden Kälteperioden 1,50 cm Wassertiefe, in Bayern sollte man für einen solchen Überwinterungsplatz 2 m und mehr einplanen. Haben Sie die technischen Möglichkeiten und den Platz, einen Teich mit mehr als 2 m Tiefe anzulegen, wird dieser sich ziemlich sicher zu einem stabilen Biotop entwickeln können. Denn das tiefe Wasser ermöglicht es den Lebewesen, sich dahin zu begeben, wo es im Sommer kühler und im Winter wärmer bleibt. Sie können sich ihren Lebensraum nach ihrem Bedarf wählen. Je flacher ein Gartenteich ist, desto mehr Probleme wird er Ihnen bereiten.

Zugefrorene Eisdecke mit Pflanzenstängeln und Luftblasen unter Eis.

Pflanzenstängel, die die Eisschicht des Winters durchdringen, dienen den Unterwassertieren ebenfalls. An den Stängeln entlang kann ein geringer, aber notwendiger Luftaustausch stattfinden. Das Leben am Teichgrund verbraucht Sauerstoff und atmet CO^2, also Kohlensäure, aus. Wird die Konzentration an CO^2 zu groß, kann das lebensbedrohlich für die Unterwassertiere werden.

CO^2 kennen Sie als Gas im Mineralwasser. Es steigt nach oben. Auch im winterlichen Teich steigt das Gas auf und würde unter dem Eis eine tödliche Schicht für das des Sauerstoffs bedürftige Leben bilden. Kann es jedoch an den Stängeln entweichen, sinkt die Bedrohung für die Tiere.

Hat man keine oder noch zu wenige Pflanzen im Teich, kann man auch kleine Bündel aus Schilfrohr oder Stroh in der Oberfläche des Teiches mit einfrieren lassen. Diese Art »Durchbruch« durch die Eisdecke praktizieren viele Fischteichbetreiber. Da in Produktionsanlagen nur wenige Wasserpflanzen wachsen können, bringen Fischproduzenten auch noch heute Strohbündel in die Eisdecke ein.

Einen weiteren natürlichen Mechanismus sollte man beachten. Unterwasserpflanzen nehmen CO^2 auf und bilden unter Lichteinfluss aus den im Wasser schwimmenden Nährstoffen Pflanzenmasse. Gleichzeitig setzen sie dabei entsprechend viel Sauerstoff frei. Das dient dem Leben unter Wasser. Krebsschere, Tausendblatt oder die Wasserpest haben auch bei niedrigen Temperaturen einen relativ aktiven Stoffwechsel. Wenn sie heranwachsen, bedeutet das aber auch, dass sie irgendwann wieder absterben. So sinken auch während des Winters absterbende Pflanzenteile nach unten, wo dann die Tendenz zur Fäulnis entsteht.

Fäulnis ist immer sauerstoffzehrend und produziert CO^2 und Faulgase. Die Überlebenschancen der Unterwassertiere würden weiter vermindert. Also ist es auch im Winter wichtig, dass das Sediment des Teiches nicht fault und somit nicht stinkt.

4.2 EM-Einsatz im Gartenteich

Wir hoffen, dass Sie sich ein wenig in die Lebensabläufe eines Teiches haben eindenken und einfühlen können. Wenn Sie die Lebensabläufe wahrnehmen können, hilft das dabei, die richtige und damit kostengünstigste EM-Anwendung für Ihren Teich zu finden.

4.2.1 Den Kreislauf der Algen unterbrechen

Nun kommen wir zu den Anwendungen und Vorgehensweisen, die wir routinemäßig empfehlen.

Zuerst die Diagnose:
Halten Sie einen Zollstock ins Wasser und lesen Sie ab, wie tief Sie durch das Wasser eine Zahl erkennen können. Damit haben Sie die Sichttiefe festgestellt. Notieren Sie sich den Wert, damit Sie in den nächsten Wochen und Monaten verfolgen können, wie sich die Sichttiefe verändert.

Die Sichttiefe in einem Gewässer misst man am genauesten mit speziellen Messgeräten. Hilfsweise kann man natürlich einen Zollstock oder auch den Arm zur Diagnose nutzen.

Erfahrene Teichbesitzer wissen, dass die Sichttiefe innerhalb kürzester Zeit großen Veränderungen unterliegt. Fast jeder hat schon beobachtet, dass im Sommer nach einem Gewitter fast alle Teiche trüb sind.

Wir meinen hier nicht die Situation in einem Fluss oder einem Teich, der intensiv von einem Bach durchflossen wird.

Dort werden vom intensiven Regen viele Bodenbestandteile eingespült, feinste Mineralien, die dann schwebend im Wasser die Trübung hervorrufen.

Hier geht es um stehende Teiche, in die durch den Regen allerlei Staub aus der Luft eingebracht wird. Dieser enthält natürlich auch mineralische Anteile, aber Staub in der Luft besteht auch zu hohen Anteilen aus organischen Stoffen. Gerade wenn Nadelbäume oder andere Pflanzen mit sehr vielen Pollen blühen, kommen mit dem Regen sehr hochwertige Eiweiße ins Wasser.

Samenflug im Frühjahr bringt große Mengen sehr hochwertiger Eiweißverbindungen in jedes Gewässer. Das ist eine sehr intensive Düngung mit Stickstoff, der wesentlicher chemischer Bestandteil der Eiweißverbindungen ist. Der Teich muss dieses Eiweiß verdauen und neue Pflanzen daraus entstehen lassen.

Eiweiße enthalten sehr viel Stickstoff. Vergessen Sie als Nährstoffquelle auch nicht den sehr stickstoffhaltigen Vogelkot. Stickstoff regt das Pflanzenwachstum intensiv und schnell an. Nicht zu vergessen sind die Abgase der Autos, die auch in den Teich gespült werden. NO^x ist die chemische Bezeichnung für Stickstoff in Abgasen.

Werden mit dem Regen solche gesundheitsschädlichen Bestandteile von Abgasen oder auch von verdunsteten Pflanzenschutzmitteln eingetragen, wird es problematisch. Wer sich näher über Mengen und Art der schädlichen Substanzen informieren möchte, kann solche Zahlen und Fakten aus Untersuchungen des Umweltbundesamtes unter www.umweltbundesamt.de abrufen.

Regen bringt also grundsätzlich Schadstoffe und Nährstoffe ins Wasser ein. Die Schadstoffe töten je nach Konzentration mehr oder weniger viele kleinste Wasserlebewesen ab, die dann im Teich wieder als Nährstoffe zur Verfügung stehen. Der Teich muss das abgestorbene Leben verdauen.

Gemeinsam mit den eingetragenen Nährstoffen dienen diejenigen, die schon im Teich sind, dem Algenwachstum. Die vielen neu entstehenden Algen trüben das Wasser. Da hilft kurzfristig kein Filter, sondern nur das Abwarten, bis sich im Teich wieder ein Gleichgewicht einstellt.

Ähnliche Probleme haben Teichbesitzer, deren Teich über einen Bach gespeist wird. Wird oberhalb gedüngt oder gespritzt, haben sie einen unerwarteten Eintrag in das Biotop Teich. Auch hier hilft oft Geduld, wenn der Teich richtig geführt wird.

In diesem mit Nährstoffen überversorgten Teich schwimmen so viele Algen, dass man sie mit der Hand abschöpfen kann. Auch mit EM-Technologie wird es mehr als ein Jahr dauern, bis diese vielen Nährstoffe in Pflanzen eingebaut worden sind. Trotz relativ großer Filter konnte der Zustand nicht verbessert werden.

Hier nun der zweite Teil der Diagnose:

Greifen Sie an verschiedenen Stellen auf den Boden des Teiches – manchmal muss man dafür sogar tauchen –

und prüfen Sie den Schlamm, den Sie heraufholen.

Bezeichnenderweise las ich vor einigen Tagen in einer Fachveröffentlichung den Begriff »Mud«. Dieser populäre Ausdruck beinhaltet schon von vornherein, dass das Sediment nicht angenehm riecht. Die Ablagerungen auf einem Teichgrund sollten immer ein wenig nach Waldboden riechen.

4.2.2 Den Schlamm im Teich in Bewegung bringen

Jeder noch so leichte Anflug eines Geruchs von faulen Eiern (Schwefelwasserstoff) weist auf Fäulnis hin. Eiweiße, also ehemals Lebendiges, können nicht wieder in den Kreislauf des Biotops eingebunden werden und es laufen Zersetzungsvorgänge (Verwesung) ab, die auf die Abwesenheit von Sauerstoff schließen lassen.

Faulen nennen wir einen Vorgang, bei dem für die Pflanzen und meistens auch für Mensch und Tier giftige Stoffe entstehen, die fast immer übel riechen. So schützt die Natur Mensch und Tier vor solchen Stoffen. Sie zeigt an, dass »etwas faul« ist.

Diese Stoffe brauchen mikrobielle »Spezialisten«, die die lebensfeindlichen Stoffe wieder so umbauen, dass sie das Leben fördern können. Solche Spezialisten haben wir in EM.

Natürlich können Sie in einem dritten Schritt auch noch alle anderen üblichen Diagnosemöglichkeiten nutzen. Der pH-Wert ist z. B. auch ein wichtiger Parameter. Wer sich wissenschaftlicher damit auseinandersetzen will, dem empfehlen wir, in www.wikipedia.org nach »pH-Wert« zu suchen.

Der pH-Wert von Wasser sollte immer in der Nähe von 7 liegen. Ein pH-Wert von 7 zeigt an, dass das Wasser in einem neutralen Zustand ist. Ist er tiefer, nennen wir das Wasser sauer. Bei einem pH-Wert von 2 hätten wir schon einen extrem sauren Essig. Batteriesäure hat einen pH-Wert von 0,5, Cola liegt bei 2 bis 3. In den Hoch-Zeiten des sauren Regens wurde über Seen berichtet, deren pH-Wert unter 3 lag, die also tatsächlich schon richtig sauer wie Essig waren.

Normalerweise wird bei zu saurem Wasser die Einbringung von Kalk empfohlen. Wir arbeiten in solchen Situationen lieber mit Zeolithen oder Basaltmehlen (Mehl aus vulkanischem Gestein).

Diese Urgesteinsmehle setzen wir auch ein, wenn das Wasser einen pH-Wert über 7 hat. Dieser Bereich heißt basisch oder alkalisch. Der höchstmögliche pH-Wert liegt bei 14, wie bei extrem alkalischer Seife. Meerwasser ist normalerweise ebenfalls leicht alkalisch bei pH 8.

Die meisten faulenden Prozesse laufen auch im alkalischen Bereich ab. Gibt man hier Torf, der aus dem sauren Moor kommt, oder auch Stroh in den Teich, ist das hilfreich. Einige Teichbesitzer scheuen jedoch den Einsatz von Stroh und Torf, weil diese das Wasser einfärben. Der Vorteil, den diese Substanzen bieten, ist allerdings, dass auch sie gute Siedlungsplätze für Mikroben sind und selbst so gut wie keine schnell verfügbaren Nährstoffe bieten. Der Hauptbestandteil ist Kohlenstoff in den holzigen Teilen, der der Umgebung Stickstoff entzieht. Zusätzlich geben diese Stoffe Säuren ab, die dem Leben im Teich dienen und die Alkalität puffern.

Es gibt aber auch Liebhaber von alkalischem Wasser. Aquarianer wissen, dass zum Beispiel Skalare oder Diskusfische ein leicht alkalisches Wasser mit einem Wert von pH 8 bevorzugen.

Nachdem nun der unbefriedigende Ausgangszustand festgestellt und dokumentiert ist, geht es an die Therapie:

Aus den bisherigen Ausführungen haben Sie entnommen, dass die Zusammensetzung der Mikroben im Sediment des Teiches bei der optischen Schönheit und der Gesundheit des

Teiches eine große Rolle spielt. Also müssen die Mikroben, unsere Reparaturspezialisten, sich an dem Ort einnisten, an dem die meisten Probleme entstehen.

Im und auf dem Sediment sammelt sich letztendlich alles absterbende organische Material. Hier müssen die Effektiven Mikroorganismen als Reinigerkolonne vorhanden sein und die Umsetzung des organischen Materials betreiben.

4.2.3 EM1 ist eine Zusammensetzung aus vielen verschiedenen Spezialisten

Die Effektiven Mikroorganismen sollten Sie sich als eine arbeitsteilig funktionierende Mannschaft vorstellen. Es gibt unter ihnen solche, die Stickstoff gerne bearbeiten, solche, die am liebsten so richtig faulende Masse mögen und dabei ihre Höchstleistungen vollbringen, und auch solche, die gerne Zucker verarbeiten. Nur wenn sie im Team arbeiten, entsteht für alle Mikroben ein zufriedenstellendes Ergebnis.

Zufriedenstellend für alle Mikroben ist, wenn sie sich langfristig erhalten können und wenn sich zudem eine Art oder eine Artengruppe so ausbreitet, dass sie die Dominanz übernimmt.

Die Mikroben lassen Ihnen also die Möglichkeit, die Dominanz der einen oder der anderen Gruppe zu fördern.

Für die Natur ist es gleichwertig, ob sie eine faulende oder eine eher rottende organische Umsetzung erreicht. In beiden Formen bleiben alle Mikrobenfamilien erhalten.

Fault organisches Material, ist das die Vorstufe von Erdöl, einem Stoff, den die Natur bildet, um damit CO^2 aus der Luft einzulagern, falls unsere Nachfahren das Erdöl nicht in zwei Millionen Jahren abpumpen. Damit schafft sich die Erde eine Lagermöglichkeit für den Überfluss, den die Natur produziert.

Es gibt nur wenige Mikrobenarten, die ein Milieu verändern können. Die meisten Mikrobenarten leben einfach so vor sich hin und folgen in ihrer Lebensführung der Gruppe, die die Dominanz übernimmt.

Auffällig ist, dass nur sehr kleine Gruppen von Mikrobenfamilien bestimmen, ob ein Biotop, hier das Sediment eines Teiches, sich in eine für uns erwünschte oder unerwünschte Richtung entwickelt.

Stärken wir mit EM-Technologie die Mikrobenfamilien, die ein für uns erwünschtes Ergebnis herstellen, ist der Erfolg der Maßnahme sicher.

Übernehmen jedoch die Mikroben, die eine von uns erwünschte Umsetzung fördern, die Regie, führt das zu einem stärkeren Pflanzenwachstum und es entsteht ein Überfluss an Lebendigem, was uns als Menschen, die nur kurze Zeit diesen Planeten bevölkern, eher erfreut.

Beide Wege sind möglich und für die Natur gleichwertig.

Die Natur tötet nicht, sie vernichtet nicht, sondern hat viele verschiedene Systeme. Sie sichert eine langfristige Funktion der Erde und stärkt in der Summe die Artenvielfalt.

Nun wollen wir einen klaren Teich. Wir Menschen lieben die Klarheit des Wassers. Wir wollen doch sehen, was sich auf dem Grund unseres Teiches abspielt. Also stärken wir die Familien der Mikroben, die dafür sorgen, dass der Teich klar bleibt, an der Stelle, wo die Natur einen Entscheidungsspielraum eingeplant hat.

Wir bringen die Mikrobenmischung, unser EM, ins Sediment und achten dabei darauf, dass die Spezialisten, die nach dem Plan der Natur zusammenwirken, auch zusammenbleiben.

Zuerst schaffen wir den Mikrobenfamilien einen Siedlungsplatz, ein Haus. Mikroben mögen vielseitig zusammengesetzte Mineralien. Die am vielseitigsten zusammengesetzten Mineralien finden sich in den Urgesteinsmehlen. Solche Mehle aus vulkanischem Gestein haben alles Mineralische, was das Leben so braucht. Deswegen sind Böden aus Vulkanerde so fruchtbar. Am bekanntesten und am einfachsten im Handel zu erwerben sind Basaltmehle und Zeolithmehle. Sie haben je nach Vermahlungsgrad eine Oberfläche von 40.000 m^2 pro Kilogramm als Feinmehl oder 400 m^2 pro Kilogramm als Splitt.

Zeolithe haben zudem noch den Vorteil, dass sie sehr porös sind. In ihren kleinen Hohlräumen siedeln Mikroben sehr geschützt. Dort haben sie die Muße, die sonst nicht zur Verfügung stehenden Mineralien aus dem Gestein zu lösen, wenn mal nicht genug von dieser Sorte im Wasser herumschwimmen.

Der EM-Teich im Garten von Walburga Böll ist an der tiefsten Stelle cirka 1,50 Meter tief. Mit EM wurde eine etwa 20 cm dicke Schlammschicht abgebaut. Die im Teich eingebaute Pumpe sorgt für regelmäßige Wasserbewegung. Sie zieht in etwa 50 cm Tiefe das Wasser in einen Bachlauf und bringt so Sauerstoff in den Teich ein.

n 15 Jahren hat sich ein wunderschönes Biotop etabliert. Zur Pflege reichen im Jahr, trotz Laubeintrag von Nuss- und Kirschbäumen im Nachbargarten, zwei bis drei EM-Gaben zu je 7 bis 10 Litern und ein regelmäßiges Abernten der ippig wachsenden Wasserpflanzen. Ich würde noch etwas mehr (20 g je Quadratmeter) EM-Keramik-Pulver einsetzen und so das leichte Aufkommen von braunen Algen in ein Aufkommen von grünen Algen verändern.

4.2.4 EM-X-Keramikpulver und Gesteinsmehl – Dangos für den Schlamm

An dieser Stelle setzen wir eine weitere Komponente aus der EM1-Technologie zu, das EM-X-Keramikpulver. Wenn Sie mehr über EM-X-Keramik, deren Herstellung und Wirkungsweise wissen wollen, empfehle ich Ihnen das Buch »EM-Lösungen – Haus und Garten« von Ernst Hammes und Gisela van den Höövel.

Das Handelsprodukt aus EM-X-Keramik »EM-Super-Cera-Pulver« eignet sich hervorragend zum Einmischen in die Urgesteinsmehle. Diese Mischung wird mit EMa oder EM1 zu einer Teigmasse verrührt. Der Teig sollte eine solche Feuchtigkeit haben, dass man daraus kleine »Frikadellen« formen kann. Diese »Frikadellen«, in der EM-Fachsprache »Dangos« genannt, sollte man möglichst ein paar Tage antrocknen und reifen lassen.

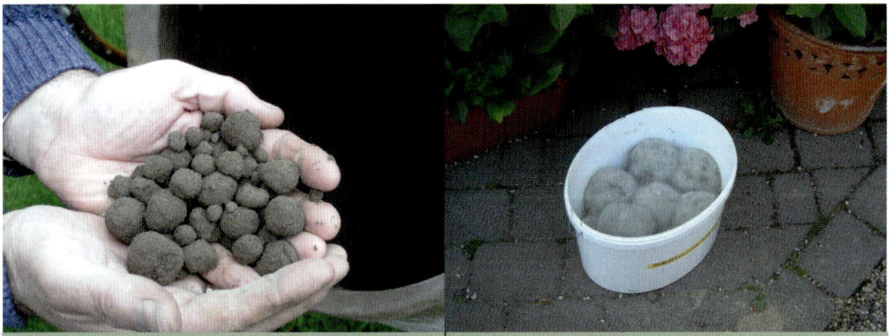

»Dangos« bezeichnen in der EM-Fachsprache kleine Bällchen aus Gesteinsmehl, EM-X-Keramikpulver und EMa. Wenn man sie einige Tage reifen lässt, bildet sich um den Dango herum eine Pilzschicht. Diese Pilzschicht riecht nach Waldboden und unterstützt die Wasserreinigung.

In der Reifezeit binden sich die Mikroben sehr intensiv an das Gesteinsmehl. Wenn Sie nur wenig Zeit haben, können Sie diese einfachen Dangos auch schon nach einer halben Stunde benutzen. Besser ist aber eine Reifezeit. Natur will Zeit und kennt keine Hetze.

Die Dangos wirft man nun in den Teich. Sie sinken schnell und sicher auf den Grund und nehmen wie ein »Fahrstuhl« die Mikroben mit an ihren Arbeitsplatz.

Pro Quadratmeter Grundfläche des Teiches rechnet man 100 g Urgesteinsmehl, 5 bis 50 g EM-Super-Cera-Pulver und etwas EM1 oder EMa, um die pulvrige Mischung anzufeuchten.

Urgesteinsmehl kauft man im Landwarenhandel, Gartencenter oder Gartenfachhandel. Je nach Gebindegröße kostet es aktuell 0,2 bis 1,50 pro Kilogramm.

EM-Super-Cera-Pulver kostet aktuell 15 bis 30 pro Kilogramm, je nach Gebindegröße.

EM1 kostet 24 pro Liter; und wenn Sie selbst EMa aus EM1 herstellen, sinken die Kosten auf 1,60 bis 0,90 pro Liter, je nachdem in welchen Gebindegrößen Sie einkaufen.

Die Kosten pro Quadratmeter für diese meist nur einmal notwendige Grundbehandlung liegen unter diesen Bedingungen bei 0,14 bis 2,70 (Stand: 2006).

Die Menge an EM-Super-Cera-Pulver, die man einsetzt, hängt von der Problemlage des Teiches ab. Hat man sehr viele übel riechende organische Ablagerungen, also mehr als 20 cm auf dem Teichgrund, sollte man die große Menge nehmen.

Ist das Problem noch nicht so groß geworden oder hat man gerade einen neuen Teich angelegt, reichen nach den bisher gemachten Erfahrungen die kleinen Mengen.

Diese Teichbehandlung führt man normalerweise nur ein einziges Mal durch. Dann hat man mit den Urgesteinsmehlen eine Basis geschaffen, dass sich die Mikrobenfamilien aus EM dauerhaft im Teich einrichten. Je besser die Dangos gereift sind, desto nachhaltiger und wirksamer ist diese Maßnahme. Rezepte für die besonders wirksamen und preiswerten Dangos finden Sie im Anhang.

4.2.5 EM1- oder EMa-Lösung

Man kann immer sowohl die Mikrobenlösung EM1, die man fertig kauft, oder die selbst vermehrten Mikroben, das EMa benutzen. Es ist eine Frage der Kosten und der Arbeit, die Sie aufwenden wollen. Die Rezepturen finden Sie ebenfalls im Anhang.

Normalerweise rechnen wir je Behandlung mit einem Einsatz von einem Liter EM1 oder EMa je zehn Kubikmeter Wasser. Ein Teich, der 3x3 Meter Grundfläche hat und im Durchschnitt gut einen Meter tief ist, hat etwa zehn Kubikmeter Wasser.

Bei der ersten Behandlung würden wir zwei bis zehn Liter in einen solchen Teich geben; später, zur Erhaltung des erwünschten Zustandes, einen Liter.

In einen neu erstellten Teich gibt man bereits beim Anlegen Dangos mit auf den Teichboden, so wie es oben beschrieben wurde.

Vor der Erstbefüllung sollte man den Teichboden zusätzlich mit 100 bis 200 ml EM1 oder EMa pro Quadratmeter begießen.

Wir gehen an dieser Stelle davon aus, dass der Boden mit Lava- oder Zeolithsplitt oder einem gut gewaschenen Sand abgedeckt wurde.

Als Sand verwenden wir immer gut gewaschenen Maurersand oder Flusssand mit einer Körnung von 1 bis 3 mm. Dort etablieren sich einige Mikroben, andere werden bei der Befüllung mitgespült und durch das Wasser gewirbelt.

Sollten Sie mit Teicherden gearbeitet haben, empfehlen wir, die EM-Menge zu verdoppeln. Teicherden haben meist schon ein großes Fäulnispotenzial, weil in der Vorbereitung der Erden nicht auf deren mikrobielle Zusammensetzung geachtet wird. Dieses Wissen ist noch nicht sehr verbreitet.

Ein mit EM-Technologie vorbereiteter Teichgrund eignet sich

hervorragend für die Ansiedlung von Unterwasserpflanzen. Sie leben von den Nährstoffen, die sonst den Algen als Nahrung dienen würden, und produzieren Sauerstoff für alles tierische Leben im Teich.

Die Unterwasserpflanzen kann man natürlich auch abernten und so die Nährstoffe auf den Komposthaufen bringen. Das macht man vielleicht einmal im Jahr oder alle zwei Jahre, je nachdem wie viele Nährstoffe von außen der Teich zu verdauen hat.

4.2.6 EM1/EMa in einen Teich einbringen

In bestehende Teiche gibt man das EMa, indem man einen Eimer Wasser entnimmt, dort das EM beigibt und die Lösung in hohem Bogen zurück in den Teich gießt. Die Mikroben verbinden sich mit den im Wasser vorhandenen Schwebstoffen und tun dort ihre Arbeit.

In einem Beitrag im dritten Fernsehprogramm des Bayerischen Rundfunks wurde ein Profi-Gärtner gezeigt, der eine EMa-Lösung mit der Gießkanne in seinen kleinen Teich im Verkaufsgewächshaus gegossen hat.

Hat man einen kleinen Wasserlauf in die Teichanlage integriert, kann man darüber sehr einfach die EM-Lösung im Teich verteilen. Durch die Umwälzung verteilt sie sich wunderbar überall im Teich. Gießen Sie aber das EM nach und nach in den Wasserlauf, damit Sie keine dramatischen pH-Wert-Veränderungen hervorrufen.

Wir stellen im Regelfall einen Kanister mit EMa an den Rand des Bachlaufs, öffnen den Deckel des Kanisters ein wenig, sodass ein 10-Liter-Kanister über eine oder zwei Stunden leer läuft. Man braucht nicht dabeizubleiben und hat wenig Arbeit.

Auf größeren Teichen haben wir schon Kanister mit EMa auf

Ist im Gewässer ein Bachlauf oder eine Wasserquelle eingebaut, kann man an diesem Ort ohne großen Aufwand EM einträpfeln. Es verteilt sich im Wasserlauf durch die Wasserbewegung.

Ruderboote geladen und von dort aus verteilt. So findet der kreative Teichbesitzer immer eine passende Technik, die notwendige EM-Menge ins Wasser zu bringen.

Diese Behandlung ist je nach Ausgangssituation mehrere Male zu wiederholen. Bei schwierigen Bedingungen empfehlen wir Wiederholungen nach jeweils drei bis vier Wochen, so lange, bis sich der erwünschte Wasserzustand einstellt. Sind die Teiche einmal stabil und findet nicht zu viel außergewöhnlicher Nährstoffeintrag statt, reicht es in den meisten Fällen, ein- bis dreimal pro Jahr EM zu geben.

4.2.7 Erfolgskontrolle

Doch aufgepasst: Frust lauert überall. Den schönsten dokumentierten Kommentar zur EM-Anwendung in Teichen gibt ein Gastwirt in Bayern auf der DVD »Neuland« (im EM-Fachhandel erhältlich). Er gab nach Anweisung seines EM-Beraters EMa in seinen Forellenteich. Nach wenigen Tagen war dieser völlig undurchsichtig und voller grüner Algen.

»Da hab ich gedacht, die haben mich verar…«, war sein erster Gedanke, wie er so schön sagt. Aber dann stellte er fest, dass seit dieser Zeit keine Fische mehr starben.

»Einige Wochen später, wumms«, sagte der Gastwirt, »war der Teich glasklar.«

Selbst wenn Ihr Teich nach einem halben Jahr nicht glasklar ist, können Sie prüfen, ob die Effektiven Mikroorganismen arbeiten oder nicht. Dazu prüfen Sie den Geruch des Sediments. Hat er sich verändert? Wenn es nicht mehr übel riecht, tun die Mikroben ihre Arbeit.

Der Besitzer mehrerer Naturteiche auf einem wunderschön gelegenen Grundstück in der Eifel glaubte nach einem halben Jahr nicht mehr an den Erfolg und an die Versprechungen des EM-Beraters. Einen seiner behandelten Teiche ließ er ausbaggern. Der Baggerfahrer machte ihn darauf aufmerksam, dass der ausgebaggerte Schlamm nicht übel roch. Der Gärtner, der den Schlamm auf dem Grundstück verarbeitete, wunderte sich, dass schon nach wenigen Tagen auf den Flächen, auf die er den Schlamm verteilt hatte, erste Kräuter wuchsen. Also musste doch etwas stattgefunden haben, was die Fachleute nicht erwarteten.

Vollends überzeugt war er aber erst im nächsten Frühjahr. Die Teiche, die nur die Behandlung mit Dangos und EM bekommen hatten, wurden klarer und klarer. Der Teich, den er teuer hatte ausbaggern lassen, wurde trüber und trüber. Dort war das Biotop so in Unordnung geraten, dass es erst wieder gelenkt werden musste.

Wird ein Teich nicht klar, besteht meistens ein Ungleichgewicht zwischen Nährstoffeintrag und Pflanzen, die die Nährstoffe wieder in Pflanzenmasse verstoffwechseln. Manchmal liegt es auch an zu geringen EM-Gaben.

Denken Sie deshalb immer an den Grundsatz, dass ein Drittel der Fläche des Teiches mit Pflanzen bewachsen sein sollte. Diese üben die Wasserklärung aus. EM-Technologie ist nur eine Hilfe, dass die in den Teich eingetragenen Nährstoffe von den Pflanzen besser aufgenommen werden können, ohne zu faulen.

4.3 Fahrplan zur Teichsanierung mit EM1-Technologie

Mit der EM1-Technologie in Gewässern kann man zu fast jeder Jahreszeit beginnen, außer im Winter, wenn das Gewässer zugefroren ist. Dann kann man rein mechanisch keine Mikroben in Gewässer einbringen.

Ist es kalt, sterben die Effektiven Mikroorganismen nicht ab und sind nicht verloren. Mikroben gehen jedoch bei für sie gefährlichen Lebensumständen in ein Sporenstadium über. Sie schlafen ein. Sobald die Temperatur für sie lebenswerte Höhen erreicht, beginnen sie Nahrung aufzunehmen und sich zu vermehren. Dann findet Umsetzung organischen Materials statt.

Bei welchen Temperaturen sie arbeiten, wird in der Literatur sehr unterschiedlich beschrieben. Einige Quellen sprechen von 5 °C, andere von 10 °C. Wieder andere berichten, dass sie mikrobielles Leben auch bei 0 °C glauben wahrnehmen zu können.

Eindeutig ist nur, dass die Mikroben, die in der menschlichen oder tierischen Verdauung tätig sind, bei 37 °C ihre optimalen Lebensbedingungen haben.

Insbesondere ist bei solchen Überlegungen zu beachten, dass die Wissenschaft bisher weniger als 0,5 % der möglicherweise auf unserem Planeten lebenden Bakterien kennt.

Wie sollen wir dann wissen, bei welchen Temperaturen in der Natur etwas geschieht? Also müssen wir uns bei solchen Fragestellungen auf unsere mit unseren Sinnen wahrnehmbaren Beobachtungen verlassen.

Geschätzte Zahl der Arten der wichtigsten Lebewesen

	Zahl der beschriebenen Arten	Geschätzte Zahl an Arten	Bekannte Arten in %
Mikroorganismen			
Bakterien	5.000	1.000.000	0,5
Pilze	72.000	1.500.000	5
Protozonen	40.000	200.000	20
Algen	40.000	400.000	10
Pflanzen	270.000	320.000	84
Tiere			
Nematoden	25.000	400.000	6
Insekten	950.000	8.000.000	12
Wirbeltiere	45.000	50.000	90

Quelle: Rundgespräche der Kommission für Ökologie, Nr. 23, München 2002, Seite 15

Fahrplan zur Teichsanierung, Richtwerte (kein Rezept)

Tag 1:

Zugabe von Dangos und erste Gabe von EM (bei sehr schlechten Ausgangsbedingungen bis zu 1 l EM pro Kubikmeter Teichwasser, mindestens 1 l EM pro 10 m³ Teichwasser)

Tag 14:

Zweite Gabe von EM (Dosierung wie bei Tag 1)

Tag 28:

Dritte Gabe von EM (Dosierung wie bei Tag 1)

Nun müssten, wenn man in der Zeit zwischen April und Mitte August die EM-Behandlung begonnen hat, die ersten positiven Reaktionen (Geruchsveränderungen des Sediments) im Gartenteich wahrnehmbar sein.

Tag 56:

Vierte Gabe von EM (je nach Zustand 1 l EM auf 5 bis 10 m³ Teichwasser)

Tag 84:

Fünfte Gabe von EM (1 l EM je 10 m³ Teichwasser)

Tag 108:

Sechste Gabe von EM (wie Tag 84)

Wir haben beobachtet, dass ein Beginn der EM-Gaben im Winter, im Herbst, im Frühjahr und im Sommer Wirkungen in Gewässern nachhaltig hervorruft.

Nun sollten Sie den Teich beobachten. Normalerweise ist er jetzt stabil. Es kann aber auch sein, dass im folgenden Jahr die intensive Behandlung fortgeführt werden muss. Dies ist besonders bei Gewässern sinnvoll und nötig, in deren Ausgangssituation die Faulschicht auf dem Teichgrund besonders dick ist.

Einen ersten Hinweis auf eine solche schwierige Situation erhalten Sie, wenn Sie im ersten Sommer mit EM-Technologie bei steigenden Wassertemperaturen beobachten, dass sich Faulschichten vom Grund des Teiches lösen und an die Oberfläche aufsteigen.

Kein Problem, sie lösen sich in recht kurzer Zeit auf. Das ist aber trotzdem immer ein kritischer Moment für das gesamte Leben im Teich. Es werden schlagartig eine Menge Faulstoffe freigesetzt, die dem Wasser viel Sauerstoff entziehen. Im schlimmsten Fall werden einige Fische sterben und viele sauerstoffbedürftige Kleinstlebewesen auch.

Je dicker die Faulschlammschicht ist, desto öfter und intensiver treten solche dramatischen Ereignisse ein. Dieses Drama hält aber dank der vielen fleißigen Effektiven Mikroorganismen nicht lange an. Das Biotop des Teiches reguliert sich so, dass die organische Substanz problemlos von den Pflanzen des Teiches verzehrt und in Pflanzenmasse umgewandelt wird.

4.4 Weitere Teichpflege

Nun gilt es, in der Zukunft den Überschuss, den die Natur uns als Pflanzenmasse schenkt, auch immer wieder aus dem Teich zu ernten.

Seerosen bekommen immer wieder gelbe Blätter. Schneiden Sie diese immer gleich ab und geben Sie sie auf Ihren Komposthaufen.[1] Im späten Herbst oder im Winter, wenn die Blätter der Pflanzen absterben, ernten Sie diese ebenfalls für den Kompost ab. Damit sammeln Sie die übers Jahr in den Teich eingetra-

1 Die unproblematische Führung eines Komposthaufens ist im Buch EM-Lösungen, Haus und Garten beschrieben.

Seerosen sollen in tiefere Wasser gepflanzt werden, sagen Fachleute. Wir empfehlen nach unserer Erfahrung, einen Pflanzkorb mit Lava-Brocken und -Splitt und der Seerosenpflanze auf einen stabilen umgedrehten Korb zu stellen. Dann wachsen die Wurzeln aus dem Pflanzkorb heraus und die Seerose nimmt aus dem Wasser Nährstoffe auf. Solche Wasserfilterung ist effektiv. Wenn die Seerose zu groß wird, kann man sie dem Teich entnehmen und verkleinern.

genen Nährstoffe und können sie in Ihrem Garten in Blumen und Gemüse verwandeln.

Lassen Sie jedoch die absterbenden Blätter und Stängel in das Wasser fallen, düngen Sie den Teich.

Früher – teilweise auch heute noch – nutzten Menschen pflanzliche Erträge der Gewässer. Sie ernteten z. B. im Herbst und Winter Reet, das sie als Eindeckmaterial für Dächer aufbereiteten. Wenn Sie das nächste Mal ein Haus mit Reetdach sehen, denken Sie nun bestimmt daran, dass dieses Reet früher einmal Nährstoff in einem Gewässer war.

Ein Reetdachhaus ist vor Witterungseinflüssen geschützt, weil die Schilfpflanzen viele Nährstoffe aus dem Gewässer eingelagert haben.

Haben Sie nur geringe Nährstoffeintragungen und geringe Störungen über Schadstoffe aus der Luft, reicht es, in den Folgejahren einmal im Frühjahr eine Gabe EM ins Teichwasser zu geben. Sollten sich zu intensive Trübungen wieder einstellen, geben Sie einige Male EM. Vergessen Sie aber nie, die Pflanzen im Winter abzuernten.

4.5 Fadenalgen und andere Algen

Fadenalgen sind immer ein Anzeichen von zu viel Phosphor und manchmal auch von Schwermetallen im Wasser. Diese Stoffe sind nur sehr schwer zu binden. Algen sind es, die diese Aufgabe übernehmen. Es ist also sinnlos, Algenvernichter einzusetzen. Damit bringen Sie die gebundenen Stoffe wieder in den Kreislauf des Wasserbiotopes zurück.

Als sinnvoller erscheint es uns, die Fadenalgen mit einem Rechen aus dem Wasser zu fischen.

Fadenalgen sind ein Kapitel für sich. In diesem Naturteich haben sich trotz der vielen Unterwasserpflanzen Fadenalgen gebildet. Ein kurzfristig überdurchschnittliches Nährstoffangebot nach dem langen Winter 2005/2006 und schneller Temperaturanstieg ab Mitte Mai führten dazu, dass im Herbst und Winter eingetragene Blätter sich sehr schnell umsetzten. Im Gartenteich lohnt es sich, diese abzufischen und zu kompostieren. Damit entzieht man dem Teich viele problematische Nährstoffe, insbesondere Phosphat. Zusätzlich sollte man bei nicht nachlassendem Algenwachstum den pH-Wert kontrollieren. Liegt er über 8, lohnt es sich, pH-Senker einzusetzen.

Damit bringt man die kritischen Nährstoffe und Substanzen schnell aus dem Wasser auf den Komposthaufen, der viele Möglichkeiten hat, sie zu verwerten und wieder zurück in den Boden zu bringen, wo sie ja herkommen. Dies ist aber ein besonderes Thema, das in späteren Veröffentlichungen zur Abfallbehandlung bearbeitet werden wird.

Manchmal sind auch mineralische Nährstoffbinder erfolgreich, die sowohl Phosphate als auch Schwermetalle anlagern. Problematisch aber ist es, dass diese im Teich verbleiben und man einen zunehmenden Aufbau der Substanzen im Sediment hat. Das könnte dann in vier bis zehn Jahren zum Problem werden.

Bewährt haben sich Zeolithe, wenn man sie vorher mit EM eingesumpft hat. Dann haben sie neben ihrem hilfreichen Mineraliengehalt und der großen Oberfläche auch schon die erwünschten Mikroben. Nährstoffe oder Schadstoffe werden mikrobiell gebunden und so pflanzenverfügbar.

Sogenannte Algizide, also Algen tötende Chemikalien, sind selten das Mittel der Wahl. Man erreicht kurzfristig, dass die Lebewesen absterben. Die »Leichen« sinken im Wasser nach unten auf das Sediment. Sie nehmen die Gifte mit, die zu ihrem Absterben geführt haben.

Dort auf dem Teichgrund treten dann mehrere Fragestellungen für das mikrobielle Leben gleichzeitig auf. Die toten Algen und die Algizide müssten gleichzeitig verstoffwechselt werden.

Algen – manche schätzen wir als Nahrungsergänzung – haben sehr wertvolle Eiweiße, also kompliziert eingebaute Stickstoffe. Diese müssen nun wieder möglichst schnell in den Kreislauf des Lebens zurück oder sie bilden die Grundlage für die Vermehrung der Fäulnisbakterien.

Das Algizid hemmt nach unseren Erfahrungen die schnelle Umsetzung durch Mikroben, die die Eiweiße und damit den Hauptnährstoff für die Pflanzen, den Stickstoff, sonst wieder für die Wasserpflanzen verfügbar machen würden.

Da ja Algen auch Wasserpflanzen sind, würden diese Stoffwechselvorgänge in einem unausgeglichenen Gewässer auch noch neues Algenwachstum fördern.

Man könnte die Algen auch von Fischen und Kleinstlebewesen fressen lassen und über deren Fang die eingetragenen Stickstoffe, eingelagert in die Eiweiße der Fische, aus dem Teich angeln.

Wie empfehlen in solchen Situationen, die sich nicht in den Griff bekommen lassen, die Anzahl der schnell wachsenden und stark zehrenden Pflanzen im Teich zu erhöhen. Eine Auswahl finden Sie im Anhang des Buches.

Die Aufgabenstellung für einen Teichbauer oder einen Teichbesitzer besteht darin, die Ausgeglichenheit zwischen Wassermenge, Nährstoffeintrag und Pflanzenzahl für seinen Teich an seinem Standort zu finden. Dann braucht er auch keine EM-Technologie. EM-Gaben in funktionierenden Teichen könnte man als preiswerte Versicherung für den Fall ansehen, in dem unerwartet viele Nährstoffe eingetragen werden. Die Einträge wandeln sich dann schnell in Pflanzen um, ohne zu faulen.

4.6 Springbrunnen, Wasserläufe und Filteranlagen im und am Gartenteich

Springbrunnen und Wasserläufe im und am Gartenteich sind eine wunderbare Hilfe für ein natürliches Gleichgewicht. Solche Techniken helfen zusätzlichen Sauerstoff in das Wasser zu bringen.

Viel Sauerstoff bedeutet immer, dass höheres (tierisches) Leben sich schneller entwickeln kann. Dieses ist immer in der Lage, komplizierte Eiweiße aufzubauen, wofür es viele unterschiedliche Nährstoffe benötigt. Somit sind Frösche, Lurche oder auch Fische willkommene Bewohner des Teiches, denn sie sorgen für Klarheit im Wasser.

Frühstückt dann noch ein Fischreiher oder ein Storch in Ihrem Teich oder angelt sich Nachbars Katze einen Fisch oder Frosch, dient das auch der Klarheit des Wassers, weil so Nährstoffe aus dem Teich getragen werden.

Die Wasserfontäne im Stadtpark reicht meist nicht aus, das Wasser gesund zu halten. Der Betrieb ist teuer für die Stadt. In diesem Teich fehlen Wasserpflanzen, die die Nährstoffe binden könnten.

Diese Tiere sterben dann nicht im Teich an Altersschwäche und müssen dort nicht wieder verstoffwechselt werden. Sie selbst wiederum brauchen dann die Nährstoffe nicht als Kompost zu verarbeiten und sparen Arbeit bei der Teichpflege.

Dem Nährstoffexport aus dem Gartenteich dienen auch die unterschiedlichsten Filteranlagen.

Es gibt sehr unterschiedliche Filtersysteme in den verschiedensten Preisklassen. Kunststofffilter oder Sandfilter sollen die Algen aus dem Wasser filtern und die dort siedelnden Mikroben sollen die Nährstoffe binden. Deswegen reinigt man solche Filter auch immer wieder durch Rückspülen oder Auswechseln des Filtermaterials.

Dieser Springbrunnen in einem Baumarkt zeigt sehr deutlich, dass nur Sauerstoffeintrag die Wasserqualität nicht garantieren kann. Die durch die Luft eingetragenen Nährstoffe dienen den Algen an den Steinen als Nahrung. Im Sommer wird das Wasser trüb und übel riechend sein, weil keine Nährstoffe exportiert werden können.

Erfahrene Teichbesitzer kennen den unangenehmen Geruch des Filtermaterials. Hier entstehen Kosten und Arbeitszeit, von denen man sich befreien könnte, wenn man mehr Pflanzen in den Teich einbrächte. Ein paar trocknende Blätter abzuschneiden ist nach unserem Verständnis einfacher und kostengünstiger, als Technik einzubauen, zu warten und dann zu guter

Letzt doch organisches Material zu entsorgen.

Entsprechen solche großen Pflanzflächen nicht Ihrem ästhetischen Empfinden, bieten wir weitere interessante Lösungen mit besonderen Klärteichen in den Kapiteln *Koi-Teiche und Swimmingpools*.

Ein nahezu unendliches Angebot an Wasserfilteranlagen finden Sie im Fachgeschäft und im Baumarkt. Alle diese Geräte verursachen Folgekosten. Biologische Reinigung ist ohne Folgekosten erreichbar.

5 Fischteiche im Garten

Fischteiche in Gärten können sehr unterschiedlich sein. Zumeist stellen wir uns dabei einen Goldfischteich vor. Ich selbst jedoch denke dabei immer an den Gartenteich eines Studienfreundes. Er kam aus dem Siegerland und durch den Garten seines Elternhauses floss ein Bach. Den hatte er angestaut und hielt in dem Gewässer Forellen. Alle zwei Jahre lud er uns Studienkollegen ein und die großen Forellen kamen auf den Grill. Danach waren 20 Leute satt und hatten eine gute Grundlage für eine Feier bis in die späte Nacht.

Natürlich hatte die Familie in der Zwischenzeit auch immer wieder frische Forellen auf dem Tisch.

Uns sind in den Jahren der Beratung auch einige Teiche von Hobby-Fischzüchtern begegnet. Fischteich ist also nicht gleich Fischteich und es gibt die unterschiedlichsten Möglichkeiten, ein Gewässer im Garten zu nutzen.

5.1 Ein paar grundsätzliche Gedanken zu Fischen und Wasser

Anzahl und Größe der Fische in einem natürlichen Gewässer richten sich immer nach der verfügbaren Futtermenge. Eine Kiesgrube, die frisch ausgebaggert ist, hat kaum Nährstoffe. Somit gibt es darin wenig pflanzliches und tierisches Leben. Zuerst müssen Nährstoffe in das dort stehende Grundwasser, damit sich Algen und Pflanzen entwickeln. Dann haben die Fische etwas zu fressen, können wachsen und sich vermehren. Hungern die Fische, bleiben sie klein und pflanzen sich auch nur sehr spärlich fort, weil sie die eigene Brut zum Erhalt ihres Lebens nutzen.

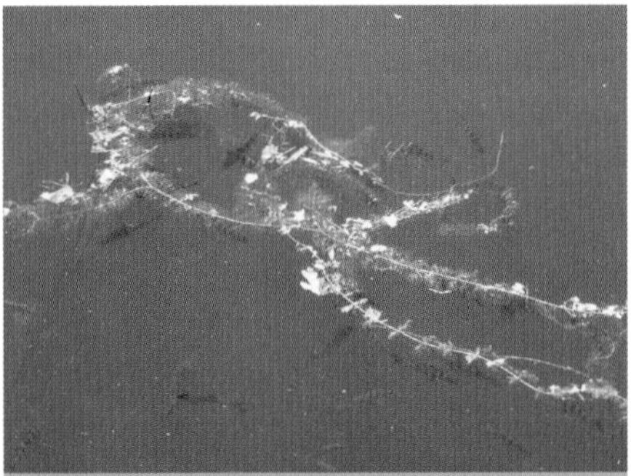

In einem nährstoffreichen Teich können viele Fische leben. Hier tummelt sich die Nachzucht an Rotfedern und Zandern im Schlossteich von Schloss Augustusburg in Brühl. Pflanzen, Phytoplankton und Zooplankton bieten eine breite Palette gesunder Fischnahrung.

Gehen wir an einen Weiher im Stadtpark, können wir im Regelfall unsere Kinder Karpfen füttern lassen. Sie erinnern sich? Weiher sind nicht tief, erwärmen sich schnell und das Licht der Sonne lässt darin viele Pflanzen wachsen, wenn genug Nährstoffe vorhanden sind.

Karpfen leben in sehr nährstoffreichen Teichen. Sie fressen alles, was ihnen so vors Maul kommt. Angler haben schon Karpfen gefangen, die schwerer als zwanzig Kilo waren. Solche ausgewachsenen Karpfen haben völlig andere Dimensionen als der traditionelle Silvester- oder Weihnachtskarpfen, der ein Lebendgewicht von 1,5 kg bis 3 kg hat.

Karpfen lieben pflanzliche Kost. Hält man sie gezielt, tragen sie sehr zur Gewässerreinheit bei. In professionellen Karpfenteichen düngen die Fischwirte sogar mit gutem Mist, damit sich in den Teichen oder Weihern auf natürlichem Weg viel Pflanzenmasse und Algen bilden. So sparen sie Futter ein.

Wenn sie abgefischt werden, gibt es sehr hochwertige Eiweißkost für die Menschen. Man entzieht dem Teich jede Menge Stickstoff. Diesen Kreislauf der Natur nutzten in früheren Jahrhunderten die Bewohner der Schlösser und Burgen mit Wassergraben. Damals war es üblich, die Abtritte, also die Toiletten, direkt über dem Wassergräben anzulegen.

Auch alle Hausabfälle wurden in den Graben entsorgt. Diese Nährstoffzufuhr machte die Schlossgräben sehr ertragreich für die Schlossküche.

5.1.1 Moderne Fischzuchten – ein Exkurs

Dass die Wassermenge kaum für die Menge der Fische entscheidend ist, erleben wir heute in den großen Fischzuchtbetrieben, zum Beispiel auch bei der Lachsproduktion. Lachs kann nur so billig sein, weil er in großen Netzen im Meer, die Fische dicht an dicht, gehalten wird. Allein die Menge Futter, die man den Fischen gibt, entscheidet über deren Entwicklung.

Problematisch unter Gesichtspunkten des Umweltschutzes und der Wasserqualität sind solche Fischzuchten, weil der Kot der Fische als Folge der intensiven Fütterung das aus den Netzen entweichende Wasser in eine Brühe wie Gülle verwandelt. Auf dem Meeresboden sammeln sich große Mengen organischer Substanzen, der Mist der Lachse, die häufig von den Biotopen nicht mehr verwertet werden können und faulen.

Forellen kann man nur in sehr gutem Wasser halten. Deswegen gelten solche Fische auch als Edelfische. Am besten ist es, wenn ein Forellenwirt ein schnell fließendes Gewässer durch seine Teiche leiten kann. Dieses erfüllt dann zwei Funktionen. Zum einen bringt es den Fischen viel frischen Sauerstoff und natürliches Plankton, was sie beides brauchen, um möglichst schnell viel Körpergewicht anzusetzen. Zum anderen transportiert das schnell fließende Gewässer auch den Kot der Tiere ab. Deshalb protestieren hin und wieder Umweltschützer gegen solche Fischzuchten; denn die Nährstoffe des Fischkotes beeinflussen natürlich die Flora und Fauna im Bachlauf hinter den Fischzuchtbetrieben.

Es ist heute schon üblich, dass Fischzuchtbetriebe Kläranlagen bauen, um nur geklärtes Wasser wieder in den Bach zu führen.

Ein Problem für viele Fischzüchter ist der Fischkot, der sich im Teich absetzt oder technisch aufwendig aus den Erzeugungsteichen entfernt werden muss. Das verursacht Kosten, bindet Kapital und zusätzlich besteht immer die Gefahr, dass die Fische krank werden. Spezialisierte Tierärzte finden dort ein breites Betätigungsfeld.

EM findet inzwischen in einigen Fischzuchtbetrieben seine Wirkungsstätte. Nach Beratung durch Familie Hader (Multikraft) konnte der Betrieb seinen Ertrag wesentlich steigen. Weniger Ausfälle und größerer Aufzuchterfolg zeigen, dass es den Tieren nun richtig gut geht. Das Wasser ist sauerstoffreicher und der Schlamm am Boden der Zuchtbecken ist verschwunden. Der Kot der Tiere verwandelt sich im Wasser schnell zu Plankton und dient den Fischen wieder als Nahrung.

Gerade auch in solchen intensiven Fischzuchten hat EM schon seit Jahren bewiesen, dass man mit guten Mikroben die Wasserqualität sehr gezielt und effektiv lenken kann. Die EM-Beraterin Somlak Pongdit in Bangkok hat zusammen mit Fischwirten südlich von Bankok Methoden entwickelt, mit denen man heute Fisch, Garnelen oder Shrimps sehr umweltfreundlich und ohne Medikamente erzeugen kann.

Normalerweise gelten solche Produktionsstätten von Shrimps als umweltzerstörend, weil sie nur einige wenige Male genutzt werden können. Die Teiche werden aufgegeben, weil sich der Boden wegen des Kots und der Medikamente nicht mehr regeneriert. Es werden neue Teiche angelegt, meist in ökologisch sensiblen Feuchtgebieten.

Nun hat Somlak Pongdit folgende Strategie entwickelt: Vor dem Befüllen des Teiches mit Wasser wird der Boden des Teiches mit EM-Technologie vorbereitet. Während der Befüllung wird dem Wasser etwas EMa zugegeben. Dann wird die Brut eingesetzt.

Je größer die Tiere werden, desto mehr EM wird dem Wasser zugesetzt. Gleichzeitig wird das Futter für die Tiere mit EM und mit fermentierten Pflanzen vermischt. Das scheint besonders wichtig zu sein, weil die Tiere in der freien Natur ja fast nur lebendiges Futter fressen. Fertigfutter ist im Regelfall nicht mehr sehr lebendig, es ist eine Konserve.

Durch die Zugabe von EM kommen wieder lebendige Mikroben mit dem Futter in das Verdauungssystem der Tiere, die dann eine geregelte Verdauung haben.

Der Kot, den sie ausscheiden, verwandelt sich sehr schnell wieder in lebendige Wasserpflanzen (Algen) und Wassertierchen (Zooplankton) und dient den Shrimps oder Fischen wieder als Nahrung.

In einem Praxisbetrieb in Brandenburg, der Karpfen züchtet, konnte durch den Einsatz von EM die Futtermenge ganz konkret auf zwei Drittel reduziert werden. Während der Aufzuchtzeit starben so gut wie keine Fische.

Waller Josef ist der Vater vieler kleiner Fische bei der Ahrenhorster Edelfisch GmbH. Er ist dank guter Pflege und EM-Technologie vital, zutraulich und auch im Alter von 10 Jahren noch voll im Zuchteinsatz. www.waller.de

Ähnliche Erfahrungen macht die Ahrenhorster Edelfisch GmbH, die Welse als Speisefische züchtet.

Dort ist das herausragende Ergebnis, dass aus den Eiern der Elterntiere fast 90% Jungfische schlüpfen.

Der Krebszüchter Jessen bei Flensburg ist ebenfalls von EM überzeugt und im Institut für Meeresbiologie Terramar in Wilhelmshaven hat Dr. Kahlo ein System zur Zucht von Seezungen entwickelt, in dem er neben vielen verschiedenen Techniken auch die EM-Technologie einsetzt.

5.2 Goldfischteiche mit EM-Technologie

Die Pflege des einfachen Goldfischteichs haben wir ja im Grundsatz schon im vorigen Kapitel dargestellt. Aber wir haben dort kaum etwas berichtet, was die Fische speziell betrifft. In der Praxis ist es immer wichtig, sich über das Ziel klar zu sein, das man hat, wenn man solch einen Teich anlegt.

Insbesondere wenn man plant, die Fische regelmäßig zu füttern, ist vor allem auf die fachlich richtige Teichanlage zu achten.

Das Füttern von Tieren ist eine wichtige Kontaktstelle der Stadtmenschen zur Natur. Es wäre schade, wenn das Füttern verboten werden müsste. Mit Hilfe einer angepassten Teichplanung und der EM-Technologie lassen sich auch in öffentlichen Teichen die Wasserqualitäten preiswert erhalten.

Häufig ist es so, dass die Kinder oder Enkel sich intensiver mit der Natur beschäftigen sollten. Es macht sehr viel Spaß zu erleben, wie sich die Tiere auf das Futter stürzen. Meistens interpretieren die Kinder das Gewusel der Fische als ganz enormen Hunger. Sie erleben, dass die Fische bei jeder Fütterung wie wild hinter dem Futter her sind. Also tun die Kinder den Tieren aus ihrer Sicht etwas Gutes.

Dass sie mit jeder Fütterung das natürliche Gleichgewicht im Teich stören, können gerade Kinder nur sehr schwer erkennen. Nach unserer Meinung wäre es falsch, das Füttern zu verbieten, gerade in einer Zeit, in der den Kindern sonst kaum Zugang zur Natur möglich ist. Da wir mit dem richtigen Teichmanagement solche Lebensfreude ermöglich können, hier nun die Rezepte.

Zuerst ist es wichtig, dass die Fische ein gesundes Futter bekommen. Die Fertigfutter aus der Zoohandlung sind eigentlich nicht fischgerecht, weil das Futter eine Konserve ist. In der Natur fressen Fische kein konserviertes Futter, sondern nur lebendes. Also sollte man die Futterkonserve wieder lebendig machen oder möglichst nahe an lebendiges Futter heranbringen.

Der größte Unterschied zwischen einer Futterkonserve und lebendigem Futter besteht darin, dass in kleinen Wassertierchen ganz viele Mikroben leben. Deren Verdauungssystem funktioniert genauso wie bei Fischen und anderen Tieren, weil im Magen-Darm-Trakt Mikroben das Futter so verändern, dass es vom Körper aufgenommen werden kann.

Wenn wir Raubtiere beobachten, können wir häufig sehen, dass zum Beispiel Löwen bei einem frisch gerissenen Tier zuerst den Magen und Darm fressen. Die Beutetiere sind meist Vegetarier und haben deshalb besonders viele Mikroben im Verdauungstrakt, die die gefressenen Pflanzen zuerst in Mikrobenmasse verwandeln, bevor sie für das Tier verfügbar werden. Sie bilden unendlich viele Vitamine und sogenannte bioaktive Substanzen.

Genau die fehlen einem Fleischfresser, wie einem Raubtier. Damit es solche für das Leben hilfreiche Stoffe bekommt, frisst es zuerst den Inhalt des Verdauungstraktes, dann erst das Fleisch.

Die kleinen Wassertierchen liefern den Fischen »Fleisch« und Mikroben aus ihrem Verdauungstrakt.

Genauso ist es mit Pflanzen. Vor über 15 Jahren wiesen Forscher nach, dass lebende Pflanzen, auch Algen, in ihrem Pflanzensaft und in den einzelnen Zellen viele lebende Mikroben beherbergen. Diese Mikroben helfen den Fischen, die aufgenommene Nahrung zu verdauen.

Im Trockenfutter sind solche lebenden Mikroben nur noch in sehr geringer Zahl vorhanden. Sie werden im Trocknungsvorgang reduziert, weil sonst das Futter nicht haltbar wäre.

Deswegen empfehlen wir, das Fischfutter, bevor es in den Teich gestreut wird, mit guten lebenden Mikroben zu besiedeln. Das ist sehr einfach zu bewerkstelligen, indem man das Futter kurz vor der Fütterung mit EM besprüht. Dazu füllt man EM1 oder EMa, je nachdem was man zur Hand hat, in eine kleine Sprühflasche und gibt ein bis zwei Sprühstöße auf eine Handvoll Fischfutter.

Sie werden sehr schnell erleben, dass dieses »lebendige« Futter den Fischen gut tut. Fische, die sich wohl fühlen, färben intensiver ein und sind weniger anfällig für Fischkrankheiten.

Sie scheiden Kot aus, der vom pflanzlichen Leben im Teich auch einfach in neue Pflanzenmasse umgewandelt werden kann, die den Fischen wiederum als Nahrung dienen könnte.

Haben Sie nun das Ziel, die Tiere oft zu füttern, ohne dass sich zu viele Algen bilden, müssen Sie dafür sorgen, dass dieses Futter, welches als Kot oder Futterrest ins Wasser kommt, von höheren Pflanzen aufgenommen werden kann. Diese ernten Sie dann ab und bringen sie auf den Kompost.

Ein Teich, in dem die Fische öfter gefüttert werden, sollte einmalig mindestens 20 bis 50 g EM-X-Keramikpulver bekommen, wie wir es weiter oben beschrieben haben. Zusätzlich fördert es das Pflanzenwachstum, wenn man dem Teich in der warmen Jahreszeit alle zwei Wochen einen Liter EMa je Kubikmeter Wasser zugibt. Liegt die Wassertemperatur unter 18 °C, reicht es auch, alle vier bis sechs Wochen EMa zu geben. Sie werden beobachten können, wann der Teich Hilfe braucht.

Rezeptur EM1-Technologie in Fischteichen

- *alle Fischteiche sollten mit 20 bis 50 g EM-X-Keramikpulver je Quadratmeter Teichfläche ausgestattet sein und mindestens ein Drittel der Teichfläche muss mit Pflanzen bestückt sein*

Mäßige Futtergaben:

- *Fischfutter immer mit EM besprühen*
- *Wasserpflege bei Wassertemperatur unter 18 °C:*
  alle vier bis sechs Wochen 1 bis 0,1 l EM je Kubikmeter Teichwasser
- *Wasserpflege bei Wassertemperatur über 18 °C:*
  alle zwei bis vier Wochen 0,1 bis 1 l EM je Kubikmeter Teichwasser

Häufige Futtergaben:

- *Fischfutter immer mit EM besprühen*
- *Wasserpflege bei Wassertemperatur unter 18 °C:*
  alle zwei bis vier Wochen 0,1 bis 1 l EM je Kubikmeter Teichwasser

- *Wasserpflege bei Wassertemperatur über 18 °C: einmal pro Woche 0,1 bis 1 l EM je Kubikmeter Teichwasser*

Sollte sich unter der Behandlung kein vorwiegend klares Wasser einstellen, gibt es zwei Wege, dieses Ziel weiter zu verfolgen. Der erste ist, die Fütterung zu reduzieren.

Meist haben sich die Fische aber an das häufige Füttern gewöhnt. Die meisten Fischfutter sind aromatisiert. Damit erreichen die Hersteller, dass die Tiere sich auf ein Futter spezialisieren und andere Futter scheinbar nicht mögen. Wenn dann ein Mensch an den Teich herantritt, freuen sie sich auf das Leckerli und kommen alle angeschwommen. Gerade bei Kindern im Haushalt ist es praktisch nicht zu vermeiden, dass sie dann Futter geben.

Lassen Sie den Kindern die Freude und wählen Sie den zweiten Weg. Man installiert eine Pumpe und leitet das abgepumpte Wasser durch einen zweiten Teich, den Sie als Klärteich aufbauen. Wie genau ein solcher Klärteich eingerichtet wird, erfahren Sie im nächsten Kapitel *Koi-Teiche*.

Die Klärteiche sind praktisch Kiesbetten; eine Wasseroberfläche ist nicht sichtbar. Dort werden sich keine Fische ansiedeln und die Kinder haben kein Interesse, dort zu füttern. In den Klärteichen tummeln sich jedoch Amphibien und natürlich die Gartenvögel.

Klärteiche dienen der Zucht von Wasserpflanzen, die die überflüssigen Nährstoffe des Wassers in wunderschönen Bewuchs verwandeln.

Sollten Sie keinen Platz für einen solchen Klärteich haben, bleibt nichts anderes übrig, als in Technik zu investieren. Wasserfilterblöcke gibt es in den verschiedensten Varianten zu kaufen.

Teichfilter gibt es in sehr verschiedenen technischen Ausführungen. Hier erkennt man das sehr einfache Grundprinzip: In das Filtergefäß sind Kunststoffkörper eingebaut, die eine große Oberfläche und eine kleine Porung haben. Grobe Teile bleiben in den Poren hängen. Auf den großen Oberflächen siedeln Mikroben, die auch zur Wasserklärung beitragen.

graue Pipes

Damit werden Algen aus dem abgepumpten Wasser herausgefiltert. Stellen Sie sich aber darauf ein, dass Sie diese Filter regelmäßig reinigen müssen.

Die herausgefilterten Algen können gerade in der heißen Jahreszeit auch schon mal eine Quelle üblen Geruchs sein. Dieses Risiko können Sie durch EM-X-Keramik in Form von grauen Pipes mindern.

Pro Quadratmeter Filterfläche sollten 100 bis 150 Pipes eingebaut werden. Dort sollte man auch praktischerweise EM für den Fischteich beigeben, weil sich die Effektiven Mikroorganismen auch auf den Filteroberflächen ansiedeln und von dort in den eigentlichen Fischteich gespült werden.

5.3 Koi-Teiche

Wir sind keine Koi-Spezialisten. Dennoch haben wir schon einige komplizierte Koi-Teiche wieder in Ordnung gebracht. Es ist schon schade, wenn man wegen trüben Wassers diese wunderschönen bunten Fische nicht sehen kann. Außerdem gewöhnen sich diese Tiere auch so an Menschen, dass es eine Freude ist,

mit ihnen zu spielen. Kois gründeln gerne und wirbeln dabei Sediment auf. Außerdem fressen sie gerne an Pflanzen. Es gibt viele Teichbesitzer, die meinen, dass man keine Pflanzen in Koi-Teichen groß bekommt, weil die Fische alles abfressen.
Kois stammen von den Karpfen ab und verhalten sich so, wie

Dieser Koiteich ist sehr stark besetzt. Das Wasser ist trotzdem klar. Über die flache Pflanzzone im Hintergrund wird das Wasser abgepumpt und durchläuft zwangsweise die Wurzelzone der Pflanzen. Zwischen den harten Pflanzen siedeln weiche. Sie dienen den Fischen auch als Nahrung. Außerdem laichen die Fische dort im Sommer ab und der Nachwuchs hat eine wunderbare Kinderstube.

alle Karpfen es tun. Dann sieht der Teich oft unsauber aus. Deswegen gibt es viele Koi-Teiche ohne Sediment und ohne Pflanzenbewuchs. Für die Fische ist das wahrscheinlich sehr langweilig. Außerdem haben sie keinen Rückzugsraum zwischen Pflanzen, in den sie sich bei Gefahr oder vermeintlicher Gefahr flüchten können. Die Fische haben unnötigen Stress.

Über die gesundheitlichen Konsequenzen können Sie sich ein eigenes Bild machen oder im Buch »EM-Lösungen – Haus und Garten« nachlesen.

Insbesondere sollte man bei Kois beachten, dass sie durch die intensive Züchtungsarbeit eine wenig stabile gesundheitliche

Kois lieben offensichtlich den Kontakt zu Menschen. Daraus sollte man nicht schließen, dass sie hungrig sind.

Grundkonstitution haben. In der Beratung der Nutztierhaltung sprechen die Fachkollegen häufig von »Tierkomfort«. Es ist für Tiere komfortabel, wenn sie sich in ihrem Stall, Gehege oder Becken artgerecht bewegen können und so weit wie möglich artgerechter Tätigkeit nachgehen können. Dieser »Komfort« führt dazu, dass die Tiere gesünder bleiben und bessere Leistungen bringen.

Alle Tiere, auch sehr wertvolle, haben einen Anspruch auf ein stressfreies Umfeld. Man kann immer ein Gleichgewicht zwischen Pflanze, Wasser und Tier herstellen. Das bedarf jedoch der Geduld und des Verständnisses von Wasser als Verdauungssystem.

Eine erste Erfahrung mit EM1-Technologie bei Kois war, dass ein Koi-Freund in einen pflanzenfreien Teich mit 55 Kubikmeter Wasserinhalt und 15 wertvollen Kois 10 kg EM-X-Keramikpulver gab. In seine Filteranlagen baute er zusätzlich 5 kg graue Pipes ein. Auf unsere Empfehlung hin gab er im Sommer wöchentlich zehn Liter EMa und im Winter alle vier Wochen die gleiche Menge über seinen 30 m^3 großen Klärteich.

Vorher hatte er das Problem, dass das Wasser nicht unter einen pH-Wert von 8 zu bringen war. Er hatte alle im Fachhandel angebotenen pH-Wert-Senker ausprobiert, damit jedoch immer nur über ein bis zwei Tage das erwünschte Ergebnis erzielt. Erst seit der Keramik im Teichwasser konnte er mit den pH-Wert-Senkern dauerhafte Ergebnisse halten.

EM-Technologie schließt nie andere Hilfen aus. Technik und moderner Erfindergeist können aber effektiver wirken, wenn die natürlichen Systeme nicht zu sehr gestört sind.

Besonders erfreulich in diesem Fall ist, dass im folgenden Jahr keine Fischverluste eintraten. Im dritten Jahr starb ein Tier, das aber schon vier Jahre in seinem Teich geschwommen war. Nun hat er im vierten Jahr keine Verluste.

Aus unserer Erfahrung heraus empfehlen wir, dass man zwei Teiche, den Fischteich und einen Klärteich, anlegen sollte. Der eine Teich dient den Kois als Lebensraum. Will man den Fischen Gutes tun, legt man den Teich so an, dass er mindestens eine Ecke mit Pflanzen hat. Diese kann man in sehr engmaschige Kunststoffkörbe pflanzen, die mit EM getränkten Lava-Splitt enthalten. Dann hat man einen Sauerstoffproduzenten und einen Fresser für den im Wasser schwimmenden Kot. Die Wurzeln der Wasserpflanzen wachsen frei in den Wasserraum hinein und nehmen die im Wasser gelösten Nährstoffe auf. Solche natürlichen Filteranlagen sind sehr effektiv.

Den Boden würden wir mit einer wenige Zentimeter dicken Schicht aus gewaschenem Sand oder Lava-Splitt und etwas EM-Keramik-Pulver bedecken, damit die Fische etwas zum Spielen haben. Außerdem siedeln dort Unterwasserpflanzen. Sie reinigen das Wasser und sind natürliches Futter für die Fische.

Falls die Unterwasserpflanzen überhandnehmen, kann man sie wesentlich einfacher abernten als Algen herausfiltern. Kauft man sich Unterwasserpflanzen, sollte man sie nicht mit der haftenden Erde einpflanzen, sondern vorher die Erde in einem Wassereimer aus dem Wurzelballen herauswaschen. Das Fäulnispotenzial der Teicherden ist meist enorm.

Der Wasserablauf braucht dann auch nicht an der tiefsten Stelle des Beckens zu sein. Diese Position wird meist deswegen gewählt, weil man Kotkrümel aus dem Becken in den Filter ziehen will. Hat man im Becken lebende Pflanzen, übernehmen diese die Arbeit, den Kot der Fische zu sammeln. Gleichzeitig produzieren sie Sauerstoff, was die Wasserqualität enorm erhöht.

Ohne Betriebskosten und ohne Arbeit wird das Leben für die Tiere angenehmer.

Wenn man den Kois noch mehr Lebensfreude bieten will, baut man eine Flachwasserzone mit sehr harten Pflanzen, wie Seggen, Binsen oder Schilf. Zwischen denen siedeln sich natürlicherweise noch weichere Pflanzen an. Solche Stellen mögen die Fische zum Ablaichen. Dadurch wächst die Chance auf eigenen Zuchterfolg. Gleichzeitig dienen die Pflanzen auch als Fischnahrung.

Die Pflanzen leisten außerdem ganz nebenbei einen großen Beitrag zur Wasserklärung und bieten den Fischen zusätzliche Spielmöglichkeiten.

Soll ein Klärteich klärend wirken, muss das Wasser die Wurzelzone durchlaufen. In diesem Beispiel fließt das Wasser oberflächlich ab und nimmt noch viele Nährstoffe in den eigentlichen Teich mit. Da kann auch eine kleine Fontäne keine Hilfe bei der Wasserklärung sein.

Die weitere Wasserbehandlung hängt von der Intensität der

Fütterung ab. Wer intensiv füttern will, sollte eine Filteranlage zwischen Fischteich und Klärteich einbauen. Die Effizienz der Filtermatten wird durch UV-Lampen erhöht. Auch einige sehr feine Algen sterben ab und verklumpen, sodass sie in den feinen Matten hängen bleiben.

Ein Nachteil ist, dass auch ein großer Teil der sehr feinen Algen geschädigt wird und dann später im Teich abstirbt und dort als Nährstoff eigentlich unerwünscht ist.

Man sollte aber die Leistungsfähigkeit solcher UV-Lampen nicht überschätzen. Sie dringen gerade bei intensivem Algenwuchs nicht sehr tief ins Wasser ein, sodass ihr Klärbeitrag sich in Grenzen hält. Nachteilig ist ebenfalls, dass sie die Wasserqualität negativ beeinflussen und von daher die Selbstreinigungskraft des Wassers vermindern.

Gerade bei technischen Lösungen für biologische Fragestellungen stehen Vor- und Nachteil oft eng miteinander in Verbindung. Nach unserer Erfahrung überwiegen bei UV-Lampen die Nachteile, weil sie zudem wegen der geringen Lebensdauer noch hohe Kosten verursachen.

5.3.1 Aufbau eines Klärteiches

Wer nicht so intensiv füttert, kommt mit einem zweiten Teich, einem Klärteich, aus. Klärteiche in solchen Anlagen sollten mindestens die Hälfte bis drei Viertel so viel Klärraum haben wie der Hauptteich Rauminhalt halt, wenn dieser ohne Bewuchs ist. Der Klärraum wird so aufgebaut, dass er praktisch eine Mehrkammer-Pflanzenkläranlage bildet.

Man unterteilt den Teich in drei bis zehn einzelne Kammern. Auf die Bodenplane kommt Lava- oder Zeolith-Splitt in einer Stärke von etwa 50 cm. Darin werden je Quadratmeter Grundfläche etwa 20 bis 50 g der groben Keramik

(EM-X-Keramikpulver Terra C) mit eingebaut.

Darüber wird eine Kiesabdeckung von 50 bis 90 cm geschüttet. In diesen Aufbau werden so viele Wasserpflanzen wie nötig, möglichst Schilfarten, gepflanzt. Wir rechnen mit fünf Pflanzen pro Quadratmeter.

Das aus dem Teich mit Fischen abgepumpte Wasser wird von oben in die erste Kammer geleitet. Nun sickert es durch die Räume, die intensiv mit Pflanzenwurzeln durchwachsen sind. Die Abtrennung zwischen den Kammern muss so aufgebaut werden, dass oberflächlich normalerweise kein Wasser in die nächste Kammer fließen kann. Es wird von unten in der ersten Kammer so abgenommen, dass es von oben in die nächste Kammer fließt.

Hier kommt dann die nächste Klärstufe ins Spiel. So leitet man das Wasser durch alle Klärstufen und erzeugt unter Garantie ein wunderbar weiches und belebtes Wasser.

Über diese Kläranlage gibt man ab und zu 0,01 bis 1 l EM1 oder EMa je Kubikmeter Wasserinhalt der gesamten Anlage. Die EM-Gabe verhindert, dass sich irgendwo eine Ecke mit faulenden organischen Substanzen bildet und die Klarheit des Wassers schädigt.

Das Klärbecken sollte man natürlich im Winter abernten, um so die organische Substanz aus dem Wassersystem zu entfernen. Nach einem Sturm oder heftigen Gewitterregen sollte man abgerissene Pflanzenteile absammeln.

Besonders wichtig ist, dass normalerweise kein Wasser über den Kies in die nächste Klärstufe abfließen kann. Wenn das bei einem Gewitterguss dennoch geschieht, ist es aber kein Beinbruch.

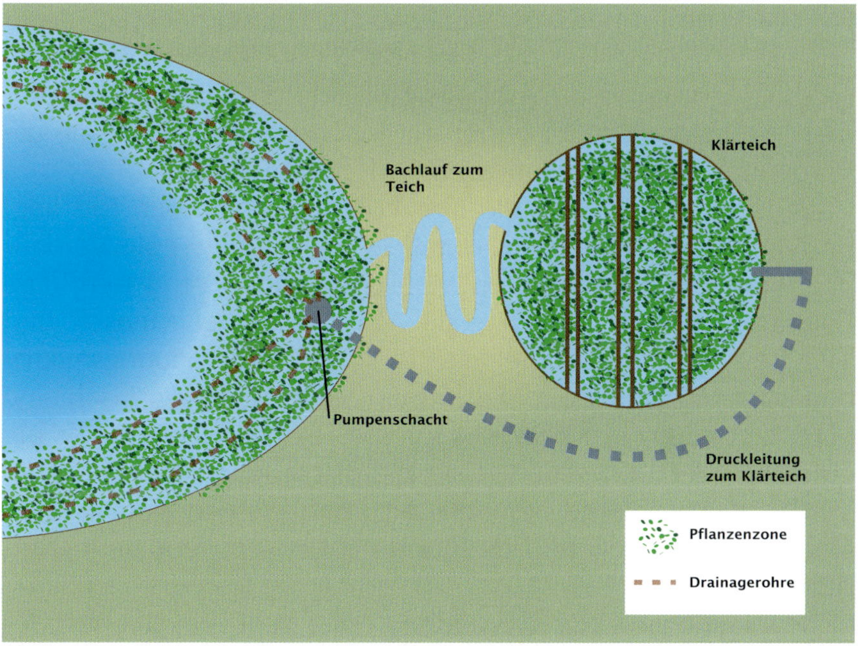

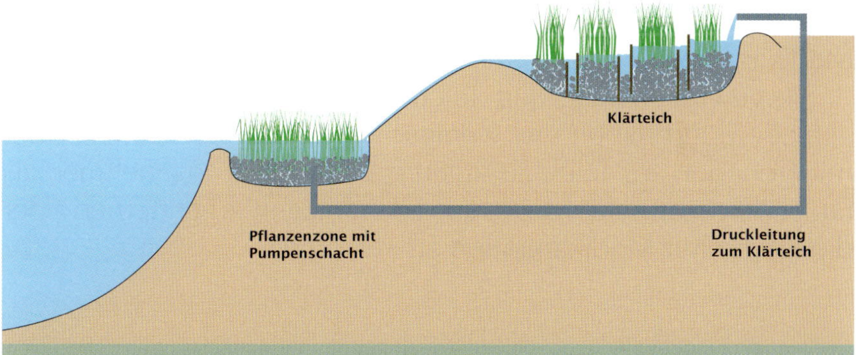

Durch den Einbau von Querriegeln lässt sich Wasser durch einen Wurzelraum zwingen. Wenn man es einfacher, damit auch risikoreicher machen will, kann auch ein einfacher Aufbau helfen. Hierbei müssen aber auf die den Wasserspiegel überragenden Kiesköpfe stark zehrende Pflanzen, möglichst Schilf, gepflanzt werden. In die überflutenden Teile gehören Unterwasserpflanzen.

Das Futter der Tiere sollte man entweder vor dem Füttern mit

EM etwas besprühen (pro 1 kg etwa 0,03 l EMa, rechtlich gesehen eine Kurzzeitsilierung) oder aber 2 bis 10 % der Futtermenge durch ein gutes Bokashi aus Getreide ersetzen. So bekommen die Fische wieder Futter mit lebenden Mikroben, die die Verdauung positiv beeinflussen.

Erinnern Sie sich an die alte Volksweisheit »Der Tod liegt im Darm« und Ihnen wird deutlich, warum eine gute Verdauung wichtig ist. Die meisten Menschen haben vergessen, dass Bakterien, Hefen und Pilze die Verdauung bei Mensch und Tier bewerkstelligen. Gleichzeitig sind die Verdauungsmikroben auch die Grundlage des Immunsystems. Hat der Fisch eine gute Verdauung, ist sein Kot für die Pflanzen im Wasser ein guter Dünger und schädigt sie nicht. Haben die Fische aber Verdauungsprobleme, können die Pflanzen den Kot nicht so einfach verarbeiten und die Fische haben ein reduziertes Immunsystem.

So beginnt mit der Gesundheit der Fische die Klarheit des Wassers. Gutes Wasser und eine gute Verdauung schützen den Fisch vor Parasiten und Ihren Geldbeutel vor dem Einkauf von Medikamenten.

Sie gewinnen Zeit, den Teich mit den herrlichen Tieren zu genießen und haben viel weniger Arbeit. Mit der Familie oder mit Freunden am Teich zu sitzen erscheint uns angenehmer, als faulende organische Masse aus Filteranlagen zu entfernen oder die Fische mit Medikamenten zu versorgen.

6 Schwimmteiche

Schwimmteiche erfüllen Träume, im Frühling, im Sommer, im Herbst und im Winter. Jahreszeiten werden deutlich erlebt. Natürlich werden Frösche und Kröten ihren Laich ablegen und Sie können die Entwicklung der Kaulquappen beobachten.

Wasserläufer werden die Oberflächenspannung des Wassers nutzen und auf dem Teich spazieren. Gelbrandkäfer, Algen und viele Einzeller werden dafür sorgen, dass das Wasser lebendig bleibt.

Wassergeflügel wird Sie besuchen und die Gartenvögel werden das Bad genießen. Im heißen Sommer wird der Teich der Erholungsort für die Familie. Passen Sie aber auf, dass vermeintliche Freunde nicht lästig werden!

Kommt dann der Herbst, beobachten Sie den Rückzug der Natur in den Winterschlaf. Ist der Winter richtig kalt, können die Kinder im Garten sogar Schlittschuh laufen.

Lebendigkeit ist Trumpf. Und spätestens, wenn ein Swimmingpool restauriert werden muss, stellt sich die Frage nach einem Schwimmteich. Dem komplizierten technischen Wunderwerk Swimmingpool widmen wir das nächste Kapitel.

Jetzt geht es wieder einmal um das Gleichgewicht zwischen Nährstoffeintrag und Nährstoffaustrag in einem stehenden Gewässer.

Im Schwimmteich wird es nie langweilig. Sie haben dort immer jede Menge Mitnutzer. Es wird sich nie ganz vermeiden lassen, dass von Zeit zu Zeit das Wasser etwas grünlich wird. Denken Sie immer daran, dass eine Menge Menschen viel Geld ausgeben, um die ursprüngliche Kraft der Algen als industriell bearbeitetes Nahrungsergänzungsmittel zu nutzen.

Außerdem wird es immer schwieriger die Algenbelastung bei Wassertemperaturen über 25 °C zu managen. Wasser unkontrolliert über eine Solaranlage zu erwärmen wird zum optischen Risiko. Deswegen stellen wir ein paar wesentliche technische und planerische Grundsätze vor die EM-Anwendung:

- Die Hälfte bis zwei Drittel der Grundfläche sollte Pflanzfläche sein. Bei einem Teich von 200 Quadratmetern sind nur 60 bis maximal 100 Quadratmeter zum Schwimmen zu nutzen.

- Man kann die Pflanzfläche in einen gut funktionierenden Klärteich verlagern. Wird dieser aufgebaut wie im Kapitel *Koi-Teiche* beschrieben, kann ein solcher Klärteich viele Nährstoffe binden.

- Je tiefer ein Schwimmteich ist, desto besser, weil die tiefen Wasserzonen im Sommer bei Erwärmung des Wassers den Kälte liebenden Lebewesen einen Rückzugsraum bieten. Deren Beitrag zur Wasserklärung bleibt erhalten.

- Nie Pumpen in der Tiefe des Teiches Wasser ansaugen lassen, weil damit die Wasserschichtung zerstört wird und die Lebensräume der Kleinstlebewesen (Zooplankton, Phytoplankton) geschädigt werden.
  Sterben die Kleinstlebewesen ab, tragen sie nicht mehr zur Wasserreinigung bei und sind als tote Lebewesen Dünger für den Schwimmteich.

- Ein Skimmer, eine technische Einrichtung zum Absaugen von auf der Oberfläche schwimmenden Blättern, Blütenstaub und toten Käfern, erhöht den Luxus eines Badeteichs enorm.

Die Beleuchtung im Schwimmteich bei Nacht zeigt sehr deutlich: Im Wasser ist viel Leben. Das zeichnet gesundes Wasser aus. Darin würden sich auch Fische, die besten Bioindikatoren für gutes Wasser, wohl fühlen.

- Im Herbst ist an den meisten Standorten angeraten, den Teich mit einem Netz abzudecken, damit möglichst wenig Laub in den Teich fällt. Möchte man diesen unschönen Anblick und diese unnötige Arbeit vermeiden, sollte das bei der Wahl der Größe der Fläche für Pflanzen berücksichtigt werden. Gerade eingetragenes Laub ist das Futter für Fadenalgen im Frühjahr.

- Unterwasserpflanzen sind die besten »Staubsauger« für Nährstoffe und die aktivsten Sauerstoffspender. Im Herbst sollten sie bis auf 10 cm Länge abgeerntet werden. So sammelt man sehr einfach Nährstoffe aus dem Teich.

- Zusätzlich zu den Unterwasserpflanzen sollte man Teichmuscheln als »Staubsauger« einsetzen. Muscheln filtrieren Wasser und entziehen ihm Nährstoffe. Daraus wird extrem hochwertiges Eiweiß. Das Wachstum der Muscheln hängt vom

Nährstoffeintrag ab. Je mehr die Pflanzen verwerten, desto weniger bleibt für die Muscheln.

- Der Teichrand sollte höher als das Umgebungsniveau liegen, damit von außen bei Starkregen kein Schmutzwasser in den Teich hineinfließt.

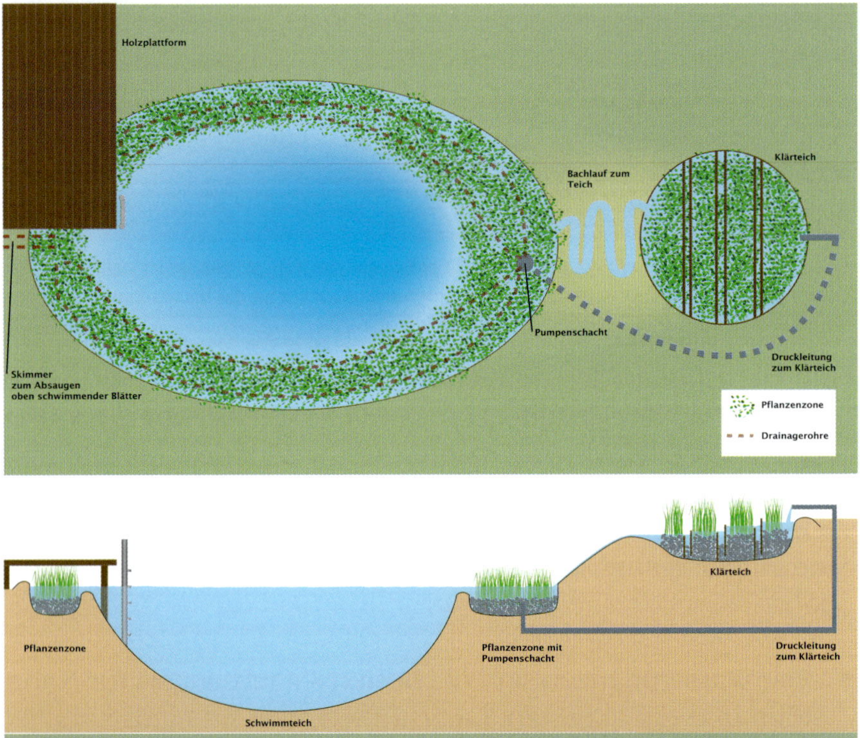

Der gesamte Pflanzbereich eines Schwimmteichs kann dann als Kläranlage dienen, wenn das Wasser mit Hilfe von Dränagerohren durch die Wurzelzone gezwungen wird.

Sind diese technischen Voraussetzungen gegeben, kann EM-Technologie mithelfen, das Wasser noch klarer, noch gesünder und lebendiger zu halten.
In Deutschland gibt es zurzeit zirka 50 öffentliche Schwimm-

Ein künstlicher Bachlauf vom Klärteich zum eigentlichen Nutzteich kann wie eine Klimaanlage eingesetzt werden. Lässt man bei Sonnenschein den Bach fließen, erwärmt sich das Wasser recht schnell. Lässt man dagegen den Bach in der Nacht fließen, kühlt das Wasser rasch ab. Somit kann man sehr bewusst den Temperaturverlauf im Schwimmteich beeinflussen.

teiche. In Österreich sind sie weiter verbreitet. Insbesondere kleinere Gemeinden können ihren Bewohnern so zusätzlichen Luxus zu geringen Unterhaltskosten bieten. Der erste öffentliche Schwimmteich, der mit EM-Technologie geführt wird, ist der der Gemeinde Sand in Taufers in Südtirol.

Solche Badeteiche sind durch eine hochintensive Nutzung während der warmen Tage im Sommer belastet, da dann fast alle Badegäste Sonnenschutzcreme benutzen. Die fettigen Bestandteile und die Konservierungsmittel belasten die natürliche Selbstreinigungskraft der Teiche besonders stark.

Nachdem in den Anfangsjahren die Wasserqualität gerade während der Hauptsaison in Sand in Taufers immer wieder beanstandet wurde, konnte seit dem Einsatz von EM die natürliche Selbstreinigung des Wassers auch solchen Belastungen standhalten. Seit der Zeit konnten alle schönen Tage für einen geregelten Schwimmbetrieb genutzt werden.

Für viele Menschen, die erstmals in einem natürlichen Gewässer schwimmen, ist es gewöhnungsbedürftig, dass der Untergrund nicht völlig »rein« ist. Egal ob eine ungeschützte Folie oder eine Kiesschüttung den Untergrund bildet, es werden dort immer Algen anhaften. Das fühlt sich glitschig an.

Auch wenn auf dem Untergrund einige Unterwasserpflanzen wachsen, erschreckt das die Badegäste. Deswegen wird man nur einen Badeteich genießen können, wenn man bedenkt, dass die Pflanzen die Hygiene im Badeteich herstellen.

Die gesetzlichen Vorschriften in Deutschland verlangen bei Badegewässern eine Sichttiefe bis auf den Grund. Das soll den Bademeistern erlauben, Verunglückte möglichst schnell bergen zu können.

Gleichzeitig wird die Freiheit von koliformen Keimen erwartet. Jeder Vogelkot bringt aber koliforme Keime ins Wasser. Deswegen fühlen sich viele Badbetreiber nur wohl, wenn sie durch die Zugabe von Chlor die Entwicklung der Kolibakterien sicher ausschließen können.

Diese Denkweise verhindert leider die schnelle Ausbreitung von Schwimmteichen.

6.1 EM-Rezepturen für Schwimmteiche

- In der Planung alle technischen Notwendigkeiten für ein möglichst natürliches Gewässer beachten.

- In das Sediment der Pflanzbereiche mindestens 50 g, besser

100 g EM-X-Keramikpulver einbauen. Besteht der Teich schon, kann man dieses Pulver in Form von einfachen Dangos einbringen.

- In den Wasserkreislauf, sowohl im Sumpf, in dem das Wasser gesammelt wird, als auch im Klärteich, ist es ratsam, beim Eintritt des gepumpten Wassers 1 bis 5 kg graue Pipes einzubauen; in den Bachlauf ebenfalls die gleiche Menge einbauen.

- Bei der erstmaligen EM-Gabe in Teiche je nach Problem 1 bis 5 l EMa je 10 m^3 Teichwasser verteilen.

In der Praxis verlegt man die Dränagerohre vor dem Einbringen des Kieses und streut zwischen den Kies Keramikpulver.

- Während der Badesaison in sehr heißen Perioden einmal wöchentlich 1 l EMa je 10 m^3 Teichinhalt geben. Ist der Teich in sich sehr stabil, reicht es, eine solche Gabe nur bei sich aufbauenden Problemen zu geben.

- Nutzt man keine Netze zur Vermeidung des Eintrages von Laub im Herbst, sollten die im Frühjahr entstehenden Fadenalgen mit dem Rechen aus dem Wasser gesammelt und kompostiert werden.
- Im Spätwinter oder im Frühjahr die abgestorbenen Blätter der Wasserpflanzen ernten und kompostieren.

- Übermäßigen Unterwasserpflanzenbewuchs spätestens im Spätherbst, eventuell auch während des Jahres abernten und kompostieren.

In unseren Beratungen kommen wir oft an Klärteiche, deren Grundkonzeption überhaupt nicht den Idealvorstellungen entspricht. Hier versuchen wir gemeinsam mit dem Teichbesitzer Stellen im Garten zu finden, wo sich ein zusätzlicher Klärteich einbauen lässt.

Im Regelfall sind aber alle durch Fachleute angelegten Teiche durch EM-Technologie in einen angenehmen Wasserzustand zu bringen.

Dieser Koiteich zeigt durch die intensive Wassertrübung an, dass er nicht gesund ist. Der Klärteich kann nicht funktionieren und auch im Teich gibt es keine Wasserpflanzen. Der Teichbauer hatte auf Wunsch des Bauherren die Beete rund um den Teich intensiv bepflanzt. Hier muss zuerst der Klärteich saniert werden, bevor man mit EM-Technologie einen erwünschten Effekt erreichen kann.

7 Swimmingpools

Swimmingpools haben den großen Vorteil, dass man sie im Gebäude, in großen und kleinen Gärten fest eingebaut oder mobil installieren kann. Als rein technische Bauwerke braucht man zunächst einmal keine Rücksicht auf die Natur des Wassers zu nehmen.

Klares Wasser erhält man im Pool dadurch, dass man eventuell sich entwickelnde Algen oder Mikroben chemisch oder physikalisch abtötet und diese Substanz durch einfache oder aufwendige Filter aus dem Wasser herausnimmt.

Durch verschiedene Techniken lassen sich sehr schnell angenehme Wassertemperaturen herbeiführen. Rücksicht auf biologische Zusammenhänge oder Grundsätze ist erst einmal nicht nötig.

In heißen Ländern kann ein Schwimmbad auch im Garten fast das ganze Jahr über genutzt werden. Eine regelmäßige Reinigung ist unerlässlich.

Biologische Grenzen in solchen Freizeitanlagen werden oft durch deren Nutzer aufgezeigt. Einige stört der Geruch von Chlor. Andere bekommen durch die chemische Behandlung des Wassers Hautreizungen oder die Augen brennen, wenn man Wasserspritzer hineinbekommt. Ebenfalls setzt ein Nachdenken über die Wasserbiologie ein, wenn Anlagen korrodieren und die Unterhaltskosten zu hoch werden.

Dieser Pool an einem Privathaus in einer europäischen Ferienregion wird fast ohne herkömmliche chemische Zusätze geführt. Das Wasser hat einen Salzgehalt von etwa 1,3 %.

Im Raum, in dem die Pooltechnik untergebracht ist, sind zwei Dosieranlagen untergebracht.

Die erste Dosieranlage prüft bei der Wasserumwälzung den pH-Wert und dosiert bei ansteigendem pH-Wert Apfelessigessenz oder Peressigsäure hinzu. Pro Jahr werden bei über 200 Nutzungstagen etwa 40 l benötigt.

Die zweite Dosieranlage hat als integrierten Bestandteil eine elektrisch betriebene Wasserelektrolyse. Am Pluspol, der Anode, entsteht ein saures Wasser mit einem Elektronenmangel. Am Minuspol, der Kathode, entsteht ein stark basisches Wasser mit einem Elektronenüberschuss. Werden diese beiden Wasser zusammengeführt, wird das Wasser wieder neutral. Das Besondere daran ist, dass viele zusätzliche Elektronen aus der Stromleitung an den Wasserstoff des Wassers angebunden sind. Dieser Elektronenüberschuss verhindert, dass Wasser fault. Es hat ein hohes Redoxpotential.

Die Technik wurde schon in den 50er Jahren in Japan entwickelt und wird heute, zum Beispiel in Russland, als sehr preiswerte Desinfektionstechnik in Medizin und Landwirtschaft genutzt.[2]

Als Redoxpotenzial bezeichnen Physiker das freie Elektronenpotenzial einer Substanz. Biologisch ist es deswegen interessant, da der hohe Elektronenüberschuss möglicherweise krank machende Mikroben in ihrer Lebensfähigkeit beschränkt. Zusätzlich ist eine gewisse Chlorwirkung nicht auszuschließen. Manchmal tritt ein leichter Chlorgeruch auf.

In den beiden großen Sandfiltern sind zusätzlich 5 kg graue Pipes eingebaut. Bei der Kontrolle fällt auf, dass dort kein übler Geruch wahrnehmbar ist.

Skimmer fangen oberflächig schwimmende organische Substanz ab. Zusätzlich wird je nach Notwendigkeit eingetragenes Material mit dem Köcher abgesammelt. Natürlich wird der Boden des Pools regelmäßig mit einem Poolsauger gereinigt.

2 Weitere Inforamtionen zur Wasserelektrolyse bei Cord Eberdorfer unter http://www.wasserelektrolyse.de

Da in diesem Fall immer nur eine sehr beschränkte Anzahl von Menschen den Pool nutzt, wird er auch relativ wenig belastet. Natürlich springt dort niemand mit frisch aufgetragenem Sonnenschutz ins Wasser, sodass die Problemlage minimal ist.

Steigen jedoch die Wassertemperaturen im Hochsommer über 28 °C, muss dann und wann schon einmal eine Chlortablette in den Pool gegeben werden.

Die Problemlage bei diesem Pool entspricht aber der der meisten privat genutzten Pools.

Nach den beschriebenen Erfahrungen regeln inzwischen einige Poolbesitzer die Wasserqualität.

Zusätzlich werden in vielen Fällen an weiteren Stellen die grauen Pipes eingesetzt: in den Abläufen der Überlaufrinnen, in zusätzlich in den Wasserkreislauf eingebauten Wasserfiltern, die mit grauen Pipes statt mit einer Filterpatrone gefüllt sind, oder aber auch nach dem Muster, wie Sie es dem Praxisbericht über das Schwimmbad der Gemeinde Hollfeld im Anhang entnehmen können.

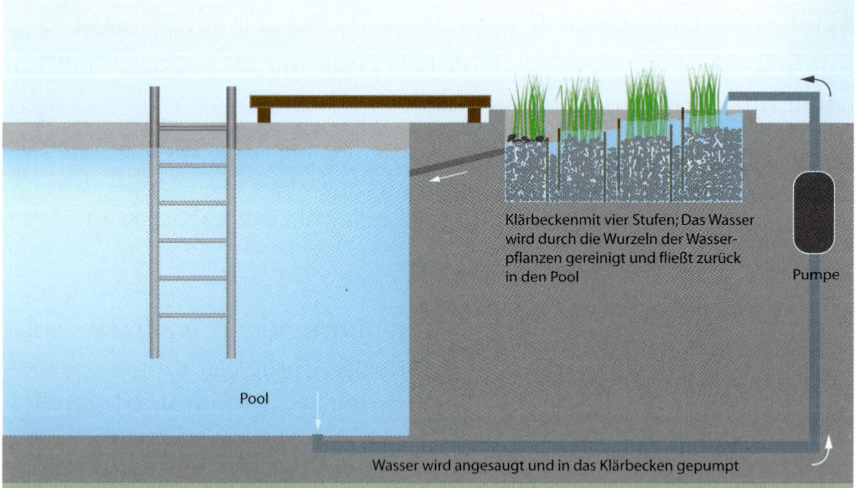

biologische Klärung des Poolwassers

Eine weitere Variante, die biologische Wasserklärung, wird in der Praxis auch bei Pools eingesetzt, sowohl im Garten wie auch im Hause: Man baut am Rande des Pools möglichst viele wasserdichte Pflanzgefäße hintereinander und verbindet sie mit Rohren. Die Pflanzgefäße werden mit Lava- oder Zeolith-Splitt 20 cm hoch befüllt.

Zeolith oder Lava wird vor dem Einbau in EM1 oder EMa getränkt. In diese Lage kommen pro Quadratmeter Grundfläche 100 g EM-X-Keramikpulver oder 100 g graue Pipes. Darüber gibt man gewaschenen Kies und füllt damit die Gefäße bis zum Rand.

Diese Pflanzgefäße werden möglichst dicht mit Wasserpflanzen bepflanzt. Vor dem Überlauf baut man eine Trennung aus Kunststoff so ein, dass eingeleitetes Wasser nur unten durch einen Spalt von 2 bis 3 cm in den Überlauf eintreten kann. So funktionieren die Pflanzgefäße wie ein Klärteich.

Wenn man das Klärsystem besonders effektiv gestalten will, schaltet man noch ein großes Aquarium dazwischen. Darin sollten möglichst viele Unterwasserpflanzen wachsen, die das Wasser mit Sauerstoff versorgen.

Durch diese Gefäße leitet man das Umlaufwasser. Die Pflanzen nehmen eingetragene organische Materialien und im Wasser gelöste Mineralien auf.

Gerade private Pools werden häufig nur sehr unregelmäßig genutzt. Damit wird auch sehr unregelmäßig Nahrung für die Pflanzen zugeführt. Deswegen bleiben die Pflanzen lange Zeit klein. Sie entwickeln sich nur bei intensiver Nutzung gleichmäßig.

Sollten Pflanzen absterben, werden diese durch die Effektiven Mikroorganismen verstoffwechselt und dienen den anderen Pflanzen als Nahrung.

Eine technische Schwierigkeit bei dieser Variante ist, dass vorher gechlortes Wasser ausgetauscht werden muss. Erst dann kann man diese Art biologischer Klärung anschließen.

Bei Pools im Haus ist außerdem auf eine ausreichende Belichtung der Pflanzen zu achten. Vegetationslampen sind im Regelfall notwendig und sinnvoll.

Ein weiterer Punkt ist zu beachten. Meist sind in Pools Pumpen mit zu großer Leistung eingebaut. Kann man die Leistung reduzieren und das Wasser mit geringem Energieaufwand in 24 Stunden ein- bis zweimal durch die Klärgefäße leiten, ist gutes Wasser gewährleistet. Das Wasser wird wunderbar weich und hautfreundlich.

Da Sie nun auf Chlor verzichten, schont das neue Wasser auch die Räumlichkeiten und die technischen Einrichtungen.

8 Regenwasserreservoire – Zisternen

Regen fällt oft in so großen Mengen, dass er nicht völlig vom Boden aufgenommen werden kann. Dann folgen wieder Zeiten, in denen für das Pflanzenwachstum zu wenig Regen fällt. Die Natur bildet Grundwasser, Seen, Teiche, Bäche und Flüsse, um zeitweise überschüssiges Wasser abzuführen oder so zu lagern, dass es von dort den Pflanzen das ganze Jahr über zur Verfügung steht.

Die Menschen wollen aber ganzjährig Pflanzen nach ihrem eigenen Plan erzeugen. Im Zweistromland, dem Garten Eden, wurde schon vor 5.000 Jahren ein Bewässerungssystem eingerichtet. Alle Hochkulturen hatten eine geordnete Wasserwirtschaft als Grundlage. Dadurch war es möglich, in einer begrenzten Region das ganze Jahr über Pflanzen zur Nahrung für Mensch und Tier zu erzeugen.

So entstand Sesshaftigkeit, die Basis für wesentliche kulturelle Fortschritte. Steht Wasser ganzjährig auf guten Böden zur Verfügung, ist das die Grundlage für Nahrungsüberschüsse und damit für alle kulturellen Entwicklungen der Menschheit. Vom Menschen geplante Wasserwirtschaft macht das Leben einfacher und angenehmer.

In vielen Regionen der Erde ist Wasser ein Problem. An der Nordsee bedeutet Wasserwirtschaft, durch Deiche das Eindringen des Meeres in die Wohnplätze und auf die Äcker zu verhindern. Gleichzeitig muss das überschüssige Regenwasser das ganze Jahr über durch die Deiche so abgeführt werden, dass Gärten, Wiesen und Äcker bewirtschaftet werden können und nicht vernässen.

In Regionen, die nur zu bestimmten Zeiten mit Niederschlägen rechnen können, zum Beispiel in Südeuropa mit seiner langen Sommertrockenheit, bedeutet Wasserwirtschaft, das

Wasser so zu lagern, dass in den trockenen Zeiten Trink- und Gießwasser zur Verfügung steht.

Die Römer bauten technisch sehr aufwendige Wasserleitungen, damit sich Städte entwickeln konnten. Noch heute bewundern wir sehr schöne und effektive Trinkwasserspeicher der arabischen Hochkulturen, die gebaut wurden, um die Sommertrockenheit zu überwinden. Menschen bestehen je nach Altersstufe zu 60 bis 90 % aus Wasser. Wasserwirtschaft ist überlebensnotwendig.

In Deutschland kommt noch ein weiteres Kriterium hinzu: die Abwassergebühren! In unseren Siedlungen muss Regenwasser von vielen versiegelten Böden, Straßen, Plätzen, Häusern und Hallen so abgeleitet werden, dass es auch bei starken Regenfällen keinen Schaden anrichten kann.

Das Regenwasser wird im Regelfall durch die gleichen Abwassersysteme abgeleitet, die auch die Abwässer abführen, oder es müssen extra Abwasserleitungen für Regenwasser von versiegelten Flächen eingerichtet werden. Die Bewirtschaftung dieses Wassers ist sehr kostenintensiv. Deshalb ist Abwasser heute um ein Vielfaches teurer als Trinkwasser.

Häufig ist es wirtschaftlich sinnvoll und unter ökologischen Gesichtspunkten immer, Regenwasser zu nutzen und so zu führen, dass es das Grundwasser auffüllen kann oder den Pflanzenbewuchs stützt.

Das einfachste Regenwasserreservoir ist die Regentonne, aus der man den Garten gießt. Hiermit haben viele Menschen Erfahrungen.

In den heißen Sommermonaten sind offene Regentonnen jedoch ein Brutplatz für Mücken. Das zeigt, dass nicht nur Wasser in der Regentonne ist. »Mückenlarven zeigen an, dass das Wasser fault«, wie der Volksmund sagt. Wasser kann aber nicht faulen. In H^2O gibt es naturgemäß keine organischen Substanzen und nur sie sind es, die eine Grundlage für Fäulnis sind. Es muss also organische Substanz von außen ins Wasser gekommen sein.

Auf den Hausdächern, über deren Regenrinnen die Regentonnen meist gespeist werden, siedeln Moose und andere Pionierpflanzen. Diese werden vom Regen abgewaschen und in die Tonne gespült.

Auch Pollen und andere organische Stäube, natürlich auch Mineralien, lagern sich auf dem Dach ab und gelangen ebenfalls mit dem Regen in die Tonne.

Die Regentonne ist ein völlig unnatürliches Umfeld für diese organischen Substanzen. Wir Menschen bedenken zu selten, dass organische Substanz nach dem Plan der Natur immer im Kreislauf des Lebens zirkulieren soll. Deswegen ist es für die Natur sinnvoll, dass die organische Substanz in der Regentonne zu faulen beginnt. Damit schafft die Natur ein Umfeld, in dem die Mücken über Larven ihr Milieu zur Vermehrung finden.

Ziel dieser Maßnahme ist, dass die organische Substanz aus der unnatürlichen Umgebung »Regentonne« als Mücke herausfliegen kann. Dann stirbt sie ab oder wird von Vögeln gefressen und kommt als Leiche oder Vogelkot wieder den Pflanzen als Nahrung zugute.

Die Natur kann sich nicht vorstellen, dass die Menschen das Wasser aus der Tonne herausschöpfen und damit die organische Substanz und die Mineralien wieder in den Kreislauf zurückbringen. In der Praxis erlebt sie ja, dass wir den Bodensatz in einer solchen Tonne nur ein- oder zweimal im Jahr entnehmen.

Festzuhalten ist zu diesem Zeitpunkt, dass Fäulnis für die Natur sehr sinnvoll sein kann.

Nun sind wir Menschen auch sehr klug. Wir haben festgestellt, dass weniger oder seltener Fäulnis auftritt, wenn wir das gelagerte Wasser nicht der Sonne aussetzen. Rein naturwissenschaftlich verhindern wir nur, dass sich durch die Kraft der Sonne in der Tonne Pflanzen (Algen) aus den eingespülten absterbenden organischen und den mineralischen Bestandteilen bilden. Nach dem Plan der Natur ist die Bildung von Algen sinnvoll, weil so die größeren Lebewesen im Wasser die kurzlebigen Algen fressen würden, bis dann ein Fisch daraus entstanden wäre. Dieser könnte dann einem Wasservogel als Nahrung dienen. Die organische Substanz käme dann als Vogelkot wieder zu der Möglichkeit, Pflanzennahrung zu werden.

Eine Lagerstätte für Regenwasser sollte das Wasser immer vor Sonneneinstrahlung schützen. Gerade in heißen Ländern sind in die Erde eingebaute Lager die sinnvollste Lösung.

Verhindern wir nun Sonneneinstrahlung und Algenbildung, bringen wir das eingespülte organische Material in Wartestellung. Ohne Sonne laufen alle Umwandlungen organischer Substanz sehr langsam ab. Deswegen ist es sachlich immer richtig,

Regenwasser, das als Gieß- oder Trinkwasser genutzt werden soll, so zu lagern, dass die Sonne es nicht erreicht. Ist das Lager in die Erde eingebaut, bleibt das Wasser auch noch kühl, was ein Hemmfaktor für organische Entwicklung ist. Ein durchsichtiges Kunststoffgefäß, wie die großen und recht preiswerten 1000-Liter-Container, ist deshalb kein geeignetes Lager für Regenwasser, wenn es nicht in den Boden eingegraben wird oder durch eine Ummantelung (dunkler Anstrich, besser eine Hütte) vor dem Sonnenlicht bewahrt wird.

Regentonnen sind immer unproblematischer, wenn sie einen Deckel haben oder sogar teilweise in den Boden eingelassen sind. Sind diese technischen Voraussetzungen erfüllt und ist man mit der Qualität des Wassers noch nicht zufrieden, kommt EM-Keramik zu Einsatz. Sie hilft dem Wasser, seine Selbstreinigungskraft wieder herzustellen.

In solchen technischen Situationen EM1 oder EMa zu geben ist sinnlos.

8.1 Warum EM nicht in die Regentonne gehört

EM1 oder EMa sind lebende Mikroben, die Mineralien und absterbende organische Materialien pflanzenverfügbar machen. Pflanzenwachstum ist in der Regentonne nicht erwünscht und im Regelfall nur als Alge möglich, weil keine Bedingungen für höhere Pflanzen vorhanden sind.

EM wäre unter diesen Gesichtspunkte einfach kontraproduktiv. Zusätzlich sind die Mikroben ja auch organische Materialien und das Wasser bekäme weitere unerwünschte Zusätze.

Ein Freund mit einem Haus im südlichen Europa hatte in seiner anfänglichen EM-Euphorie in eine 35 Kubikmeter Wasser fassende Zisterne, also eine sehr große Regentonne, 20 Liter EMa gegeben, weil er bei Sommertrockenheit aus der Zisterne seinen Garten bewässerte. Er wollte sich die Arbeit der EMa-Zudosierung ersparen.

Nach etwa zwei Wochen stank das Wasser aus der Zisterne so sehr, dass er sie möglichst schnell und vollständig leerte. Anschließend hatte er einen ganzen Tag lang Arbeit, um die Zisterne wieder richtig sauber zu bekommen.

Selbst wenn das Wasser nicht faulen würde, würden wir von der EM-Gabe in eine Zisterne abraten, weil wir immer wieder erleben, dass die Effektiven Mikroorganismen auf allen Oberflächen einen Schleim bilden. Dieser Schleim könnte sogar Wasserleitungen verstopfen.

Möchte man mit wenig Arbeit EM1 oder EMa in ein Leitungssystem geben, raten wir zu einem Dosatron. Das ist ein Gerät, mit dem auch professionelle Gärtner arbeiten.

Mit einem Dosatron wird Flüssigdünger in Gießwasser oder Reinigungsmittel in Reinigungswasser gegeben. Dosiert man EM dazu, sollte man nach der EM-Gabe immer eine Zeit lang klares Wasser nachlaufen lassen, damit möglichst wenig Mikroben im Leitungssystem verbleiben.

8.2 Wie man EM-X-Keramik in Regenwasserreservoire einbringt

Wir werden immer wieder gefragt, wie viel Keramik man in Wasserreservoire einbringen soll, damit das Wasser dauerhaft stabil bleibt. Die Standardantwort ist: 500 g graue Pipes pro Kubikmeter, also pro 1000 Liter.

Aber im praktischen Leben tritt die Standardsituation sehr selten ein. Wir kennen viele Regentonnen von 150 l Inhalt, in denen ein Beutel (500 g) graue Pipes liegt. Die Nutzer wollen zwei Effekte erreichen: erstens stabiles Wasser und zweitens eine möglichst schnelle Wasserveränderung zum Wohl der Pflanzen.

Schön sind auch die 40 oder 50 Pipes, die zu einer Kette aufgezogen in solchen Tonnen liegen und das Wasser frisch halten. Zwischen den Pipes werden entweder Knoten gemacht oder nicht leitende Perlen gefädelt, weil sich sonst die magnetischen Felder der einzelnen Pipes eventuell ausgleichen, sagt die Theorie. In der Praxis funktionieren aber auch Ketten aus Pipes, die nicht voneinander getrennt sind.

Wirklich stabiles Wasser erreicht man aber nur, wenn unten in der Tonne kein Sediment ist und die Tonne einen Deckel hat. In Regionen, die sehr durch Industriestaub, eventuell sogar durch Dioxine belastet sind, wird auch die graue Keramik das Problem nicht allein lösen können.

Die Pipes aus rosa Keramik finden hier zusätzlich zur grauen Keramik ihr Einsatzfeld. Beachten Sie aber, dass die rosa Pipes etwa jedes halbe Jahr ausgetauscht werden sollten.

Unser Freund im Süden hat inzwischen zwei 5-Liter-Eimer mit Beton ausgegossen und dabei eine Halterung für ein Seil eingebaut. Dem Beton mischte er so viel wie möglich, etwa 500 g, EM-Super-Cera-Pulver (EM-X-Keramikpulver) bei.

Dieser Betonguss hängt im Wasser der Zisterne. Seit er die auf dem Foto (siehe nächste Seite) sichtbare Kette und die beiden Betongüsse in der Zisterne hat, ist er mit seinem Zisternenwasser zufrieden.

Im optimalen Fall würde man bei der Erstellung einer Zisterne drei Promille bis zu einem Prozent EM-Super-Cera-Pulver in den Beton der Wände und des Bodens einmischen. Ein Kubikmeter Beton wiegt 2000 bis 2600 kg. Also kann man auf einen Kubikmeter 6 kg oder bis zu 20 kg EM-Super-Cera-Pulver beimischen. Dies geht

EM-X-Keramikpulver, in Beton eingegossen, und eine Kette aus grauen Pipes sorgen neben der sachgerecht aufgebauten Zisterne für gutes Wasser. EMa kann in einer solchen Lagerstätte nicht erfolgreich wirken.

aber nur, wenn der Beton vor Ort angemischt und ohne sonstige Zusätze verarbeitet wird.

In Fertigbeton sind Zusätze eingemischt, die sich nicht mit der EM-Technologie vertragen. Gleichzeitig könnte beim Selbstmischen ins Anmachwasser für den Beton auf 100 l Wasser 1 l EM1 gegeben werden. Entsprechende Mengen können auch in den Putz eingemischt werden. Damit würde für das Zisternenwasser ein Schwingungsfeld aufgebaut, das die Wasserqualität stabilisiert.

9 Zusammenfassung und Ausblick

Das Einzige, was EM kann, ist Fäulnis bearbeiten. Alle Probleme mit EM lösen zu wollen, entspricht nicht den Fähigkeiten der Effektiven Mikroorganismen. Schon bei der Anlage der Gartengewässer müssen die Naturgesetze beachtet werden. Je mehr man auf die Reinigungskraft der Pflanzen vertraut und ihnen genügend Platz einräumt, desto mehr Freude wird man an dem Gewässer haben.

Optimiert man den Einbau der eingetragenen Nährstoffe und berücksichtigt dies bereits in der Planung, bleibt das Wasser im Regelfall klar.

Von daher ist es sinnvoll, den Gartenteich als ein Verdauungssystem zu betrachten und alle Fäulnis in diesem Verdauungssystem zu beeinflussen. Man spart viel Geld und Ärger.

Mit einem Blick auf die häufigen Meldungen von im Sommer wegen Algen oder Quallen gesperrten Stränden wird deutlich, dass viele unserer öffentlichen Gewässer mit Nährstoffen überlastet sind.

Mit EM-Technologie wurden schon Bäche, Flüsse, Seen und Meeresbuchten so renaturiert, dass sie wieder hohe Fischerträge bringen und den Menschen viel wirtschaftlichen Erfolg und Freizeitvergnügen bieten. Die Erfahrungen sind bei den zertifizierten EM-Beratern abrufbar.

Vielleicht regt dieses Büchlein auch in Europa noch mehr Menschen an, sich wie in Japan zu aktiven Gruppen zusammenzuschließen, die EM in die belasteten Gewässer bringen.

In vielen kleinen Initiativen wurden in Europa schon Dorfteiche und andere kleine Gewässer wieder zu attraktiven Freizeitangeboten wiederbelebt.

Unsere nähere Umwelt bietet uns so viele Möglichkeiten zu erkennen, dass die Beachtung der Gesetze der Natur langfristig preiswert ist und viel Vergnügen bereitet.

Bild oben: In der 12 cm tiefen Schale wurden 50 g Pipes und alle paar Tage 5 ml EM eingesetzt. Das Wasser wurde den ganzen Sommer über noch nicht ausgetauscht. Es hat zwar viele Algen, ist aber von gutem Geruch und Geschmack. D Wasserhyazinthen verzehren überflüssige Nährstoffe. Sie haben in acht Wochen ihre Masse verdreifacht.
Bild unten: Dieser Schlossgraben wird durch Fische, Unterwasserpflanzen und die Uferrandbepflanzung sauber gehalt

d oben: In einem solchen Teich werden aus ästhetischen Gründen keine Wasserpflanzen akzeptiert. Zur Wasserklärung
sste ein Klärteich angelegt werden. Anders ist das trübe und schlechte Wasser im Sommer nicht zu beeinflussen.
d unten: Viele Fische können zur Klärung des Wassers beitragen, wenn sie im Teich nicht oder kaum gefüttert werden. Sie
zehren die ins Wasser fallenden Nährstoffe. Es entsteht eine Ausgewogenheit zwischen Nährstoffeintrag und Fischmasse.

10 Anhang

10.1 Wasserpflanzen

10.1.1 Die Logik der stark und schwach zehrenden Wasserpflanzen

Klares Wasser in einem Gartengewässer hängt immer davon ab, ob die Pflanzen im Teich es schaffen, die Nährstoffe, die in den Teich hineinfallen, auch zu verzehren.

Wasserpflanzen, die wir als stark zehrend bezeichnen, haben viel »Hunger« und »fressen« alles, was ihnen so vor die Wurzel kommt. Darum wachsen sie auch sehr schnell.

Bekommen solche Pflanzen nur ein geringes Nahrungsangebot, geht es ihnen nicht so gut. Normalerweise müsste dann das Wasser klar sein.

In der Beratungspraxis finden wir aber auch trübe Teiche vor, in denen Starkzehrer nicht gut wachsen, Algen hingegen schon. Ursache ist dann meistens, dass die Nährstoffe nicht zu den Wurzeln gelangen und von den Algen verzehrt werden.

Meist hilft bei solchen Erscheinungen, das Wasser durch einen kleinen Springbrunnen oder Wasserlauf in Bewegung zu bringen, damit die Nährstoffe auch an den Pflanzenwurzeln vorbeigespült werden.

Wenn Sie nochmals auf die Seiten schauen, auf denen wir den Schwimmteich beschrieben haben, sehen Sie, dass wir vorschlagen, das Wasser über Dränageleitungen durch den Wurzelraum der Pflanzbeete zu ziehen. So werden die im Wasser gelösten Nährstoffe zu den Wurzeln gezogen, damit die Pflanzen die Chance haben, diese zu »fressen«.

Für die Bepflanzung sollte man immer einen Mix aus stark und schwach zehrenden Wasserpflanzen einplanen. Diejenigen, die an ihrem Standort die besten Bedingungen finden, werden sich durchsetzen.

Hat man dann in einem Jahr einmal außergewöhnlich viel Eintrag von Nährstoffen, sollte man die Anzahl der stark zehrenden Pflanzen erhöhen. Ein solches überraschend hohes Nährstoffangebot kann zum Beispiel durch intensive Nutzung durch Kinder entstehen, von Menschen, die mit Sonnenschutzcreme baden gehen, oder weil man es mal nicht rechtzeitig geschafft hat, Blätter, Blütenstaub oder Samen abzufischen.

Sinkt dann in den folgenden Jahren das Nährstoffangebot wieder, werden diese Starkzehrer verschwinden.

Bei einigen Pflanzen haben wir in der weiter unten stehenden Liste unter Bemerkungen »nährstofftolerant« vermerkt. Solche Pflanzen haben die Fähigkeit, sich einem wechselnden Nährstoffangebot durch schwaches oder starkes Wachstum anzupassen. Sie sollten in keinem Teich fehlen.

Die Schwachzehrer werden von vielen Pflanzenverkäufern empfohlen, weil diese unter Garantie ein schönes Bild abgeben werden. Als Pflanzen sind sie auch wegen des schwächeren Wachstums pflegeleichter. Nur können diese Argumente nicht überzeugen, wenn den Teichbesitzer bei begrenzter Pflanzfläche möglichst viel klares Wasser erfreuen soll.

Dieter Aust hat im Folgenden eine Liste mit den Charakterzügen der einzelnen Pflanzen zusammengestellt. Studieren Sie diese ausgiebig und treffen Sie dann in Abwägung der Standortgegebenheiten die passende Auswahl. Viel Glück dabei!

10.1.2 Übersicht über die wichtigsten Wasserpflanzen von Dieter Aust

Wasserpflanzen für nährstoffarmes Wasser				
Botanischer Name	*Deutscher Name*	*Bemerkungen*	*Wuchshöhe*	*Wassertiefe*
Acorus calamus	*Kalmus*	*Heilpflanze und Zeigerpflanze für sauberes Wasser,* *buntlaubige und Zwergarten sind nicht winterhart*	*bis 80 cm*	*15–20 cm*
Calla palustris	*Sumpfcalla, Schweinsohr*	*liebt mineralisches Substrat*	*15–20 cm*	*Sumpfzone, dauernass*
Carex spec.	*Seggen*	*reinigend*	*15–80 cm, je nach Art*	*Uferzone*
Cladium spec.	*Binsen*	*Halme meist rund, Böschungssicherung,* *beschattend*	*20–150 cm, je nach Art*	*Sumpfzone bis 15 cm*
Eriophorum spec.	*Wollgras*	*sonniger Standort,* *saurer Moorboden,* *nicht sehr konkurrenzstark*	*20–60 cm, je nach Art*	*Sumpfzone bis 15 cm*
Fillipendula ulmaria	*Mädesüß*	*reinigend, Böschungssicherung*	*60–180 cm, je nach Art*	*Feuchtzone*
Juncus spec.	*Binse*	*aufrechte Ufergräser,* *reinigend,* *Böschungssicherung,* *Horst/Rasen bildend*	*20–160 cm, je nach Art*	*Feuchtzone, bis 15 cm*
Mimulus luteus	*Gauklerblume*	*schöner Blütenflor*	*bis 50 cm*	*Uferrand*

Botanischer Name	*Deutscher Name*	*Bemerkungen*	*Wuchshöhe*	*Wassertiefe*
Lysimachia thyrsiflora	*Gelbweiderich*	*stark ausläufertreibend, nährstofftolerant*	*60 cm*	*Uferrand, risch bis feucht*
Mentha aquatica	*Wasserminze*	*reinigend, Böschungssicherung, stickstoffliebend*	*30 cm*	*Uferrand*
Myosotis palustris	*Sumpfvergiss-mein-nicht*	*reinigend*	*20–40 cm*	*Sumpfzone, bis 10 cm*
Myriophyllum aquaticum, M. spicatum. M. verticillatum	*Tausendblatt*	*Sauerstoffpflanze, wichtige Reinigungspflanze, stark wachsend bei Nährstoffüberschuss, nährstofftolerant*	*Unterwasserpflanze*	*mind. 50 cm*
Menyanthes	*Fieberklee*	*beschattend, konkurrenzschwach*	*15–30 cm*	*Sumpfzone bis 10 cm*
Potamogeton spec.	*Laichkraut*	*Sauerstoffpflanze, nährstofftolerant*	*je nach Art*	*verschiedene Wassertiefen*
P. crispus	*Krauses Laichkraut*		*20–200 cm*	*ab 30 cm*
P. densus	*Dichtes Laichkraut*		*30–40 cm*	*ab 30cm*
P. lucens	*Glänzendes Laichkraut*	*nur Unterwasserblätter*	*50–300 cm*	*ab 60 cm*
P. natans	*Schwimmendes Laichkraut*	*Schwimm- u. Unterwasserblätter*	*50–150 cm*	*ab 60 cm*
Ranunculus aquatilis	*Wasserhahnenfuß*	*Sauerstoffpflanze, nährstofftolerant*	*unter Wasser 30–250 cm, aus dem Wasser nur flach*	*ab 30 cm*

Botanischer Name	*Deutscher Name*	*Bemerkungen*	*Wuchshöhe*	*Wassertiefe*
Scirpus lacustris	*Teichsimse*	*reinigend, Böschungssicherung*	*100–250 cm*	*10–30 cm*
Scirpus sylvaticus	*Waldsimse*	*Böschungssicherung*	*30–100 cm*	*10–30 cm*
Sparganium in Arten	*Igelkolben*	*reinigend,* *Böschungssicherung*	*10–30 cm*	*bis 50 cm*
Thelypteris palustris	*Sumpffarn*	*Sauerstoffpflanze*	*bis 40 cm*	*Sumpfzone*
Typhia laxmannii	*Laxmann-Rohrkolben*	*reinigend,* *Böschungssicherung*	*150 cm*	*10–30 cm*
Typhia minima	*Kleiner Rohrkolben*	*Böschungssicherung*	*40 cm*	
Stark zehrende Wasserpflanzen				
Ceratophyllum	*Hornkraut*	*Schwimmpflanze*		
Alisma spec.	*Froschlöffel*	*Blattflecken bei N-Mangel*	*10–90 cm je nach Art*	*Uferrand bis 30 cm*
Caltha palustris	*Sumpfdotterblume*	*relativ konkurrenzschwach*	*20–40 cm*	*bis 10 cm*
Eichhornia	*Wasserhyazinthe*	*nicht frosthart,* *zeigt durch Blattfärbung Nährstoffgehalt an,* *wärme- und nährstoffliebend*	*Schwimmblattpflanze, 20 cm*	*ab 10 cm*
Elodea canadensis	*Wasserpest*	*Unterwasserpflanze,* *Kalk- und Nährstoff liebend,* *wuchert bei Nährstoffangebot,* *nicht für belastete Gewässer*	*20–50 cm*	*20–80 cm*

Botanischer Name	Deutscher Name	Bemerkungen	Wuchshöhe	Wassertiefe
Eupatorium rugosum	*Wasserdost*	*weißblühend, zur gestalterischen Aufwertung von Repositionsanlagen*	*80 cm*	*Uferrand*
Hydrocharis morsus-ranae	*Froschbiss*	*Schwimmblatt-pflanze, kalkarm,* *überwintert am Teichgrund,*	*bis 30 cm*	*ab 10 cm*
Iris pseudacorus	*Sumpf-schwert-lilie*	*schöne Blüte, zur gestalterischen Aufwertung von Repositionsanlagen*	*bis 150 cm*	*Uferrand, auch bis 20 cm*
Lythrum salicaria	*Blutweide-rich*	*kräftiges violettes Blütenbild, weiden-ähnliche Blätter*	*bis 150 cm*	*feucht bis Uferrand*
Nuphar lutea	*Teichrose*	*reinigend, Sauer-stoffpflanze,* *in allen Teilen giftig*	*bis 20 cm (Blüte)*	*Mindestens 50 cm*
Nymphea Arten	*Seerose*	*Schwimmblatt-pflanze,* *viele Arten und Sorten, dekorativ*	*bis 30 cm (Blüte)*	*20–120 cm, je nach Art*
Phragmites australis	*Schilf*	*dominantes Wachstum,* *Repositionspflanze*	*15 –400 cm*	*Bis 50 cm*
Potenderia cordata *P. lanceo-lata*	*Hechtkraut*	*orchideenähnlich, oft empfohlen, aber nicht winter-hart*	*50 cm (über Wasser)*	*20–30 cm*
Stratiodes aloides	*Krebs-schere, Wasseraloe*	*nur zur Blüte an der Oberfläche,* *Warme- und Nährstoff liebend, kalkarm*	*Unterwasser-pflanze*	*bis 200 cm*
Typha latifolia	*Rohrkolben*	*Repositionspflanze*	*bis 200 cm*	*Sumpfzone*

Erklärung der Fachausdrücke:

Repositionspflanzen
Stauden und Gehölze, die für Rekultivierung und Renaturierung verwendet werden. Der Begriff stammt vom lateinischen »reponere« ab, das heißt »einrenken, wiederherstellen«. Reposition = »Wiederherstellung«.

Die sogenannten Repo-Pflanzen sind einheimische **Wildstauden** mit hoher Durchsetzungs- und Reinigungskraft.

Ihre Funktion:
- Ufersicherung durch festes Wurzelwerk
- Wasserklärung
- Aufnahme toxischer und organischer Stoffe, hohe Nährstoffaufnahme

spec.
Abkürzung für Spezies. Es gibt mehrere Arten, Eigenschaften gelten für alle Arten der Gattung.

Nährstofftolerante Pflanzen:
Sie vertragen sowohl hohen als auch niedrigen Nährstoffgehalt.

Schwach wachsende Pflanzen
nicht in Gesellschaft stark wachsender Pflanzen ansiedeln.

Hilfreiche Website: www.mein-schoener-garten.de, dort unter Pflanzenportraits und Wasserpflanzen nachschauen.

10.2 Praxisberichte

10.2.1 Das erste EM-Freibad in Deutschland

von Mitra Sepidbarin

Im Schwimmbad der fränkischen Stadt Hollfeld wird der Einsatz von EM-X-Keramik erprobt, um das Wasser für die Besucher angenehmer zu machen. Schon im ersten Jahr sind Tendenzen zu erkennen, dass der erhoffte Erfolg tatsächlich eintritt.

In der nördlichen Fränkischen Schweiz liegt als zentraler Hauptort die 5.500-Einwohner-Stadt Hollfeld mit einem an das Kainachtal angrenzenden neuen Freibad.

Seit den durchgeführten Sanierungen im Jahr 2000 erreicht Hollfeld dort durchgehend stabile Wasserwerte. Das Freibad zählt zu den Bädern mit der besten Wasserqualität und den geringsten Chlorgaben in Oberfranken.

Seit der Badesaison 2004 wurde das beliebte Freibad noch attraktiver. Eine Umfrage ergab zudem, dass Badegäste, die schon seit Jahren in Hollfeld zum Schwimmen gehen, positive Veränderungen im Wasser wahrnehmen konnten.

Die grauen Pipes wurden hier sehr aufwendig in einem Netz verflochten, damit das Wasser die magnetischen Felder durchströmt und Informationen aus der Keramik aufnehmen kann. Dass so etwas wahrscheinlich geschieht, war daran zu erkennen, dass im Schwallraum so gut wie keine Fettreste von Sonnenschutzcreme abgelagert wurden.

Weicheres Wasser für die Badegäste

Das Wasser fühlt sich weicher an, die Haut ist nach dem Schwimmen weniger trocken und der weiße Film, der sonst bei einigen Gästen nach dem Badespaß die Haut spannte, tritt seit dem vergangenen Jahr kaum noch auf.

Nebenwirkungen, die oft durch das gebundene Chlor auftraten, wie z. B. rote Augen, Hautbrennen und Hautjucken, blieben in diesem Jahr weitgehend aus. Besonders den Eltern fiel auf, dass ihre Sprösslinge weniger rote Augen bekamen. Auch ohne Creme blieb die Haut nach dem Baden weicher.

Ein Grund mehr für die Gäste aus näherer und weiterer Umgebung, aus dem Raum Bamberg und Bayreuth, auch weiterhin nach Hollfeld zu kommen, um dort die Vorzüge des Freibades zu genießen.

Ursache für die bessere Wasserqualität im Sommer 2004 war zum einen die wetterbedingte geringere Beanspruchung durch weniger Badetage und weniger Badegäste. Zum anderen verdankten die Hollfelder das Plus an Wasserqualität dem Einsatz der EM-Keramik im Schwallwasserraum.

Pioniergeist brachte erste Erfolge

Möglich wurde dieser erste Einsatz der EM-Technologie in einem öffentlichen deutschen Schwimmbad durch die Initiative der Hollfelder Bürgermeisterin Karin Barwisch. Sie erkannte die wichtige Bedeutung umweltfreundlicher Technologien für die langfristigen Einwirkungen auf unser Wasser und deren Auswirkungen auf die Gesundheit von Mensch und Natur.

Nach längerer intensiver Beschäftigung mit EM entschloss sie sich, gemeinsam mit dem Schwimmmeister Gerd Mache, zu diesem ersten EM-Projekt in Hollfeld.

Das Zentrum für regenerative Mikroorganismen in Franken, »Der lebendige Weg« mit Sitz in Hollfeld, begleitet dieses Projekt mit Rat und Tat.

Für das Freibad mit einer 16-Meter-Rutsche (eigenes Becken), einem Kinderbecken und einem 33 m langen Schwimmer- und Nichtschwimmerbecken (590 m^3 Wasser) wurden insgesamt 65 Beutel EM-Keramik-Pipes à 500 g eingesetzt.

In dem Bemühen, die EM-Keramik Pipes bestmöglich zum Einsatz zu bringen, knüpften die engagierten EM-Beraterinnen Mitra Sepidbarin und Roswitha Gunzelmann mit Unterstützung beider Familien und Freunde ein Netz aus 30 Beuteln EM-Keramik-Pipes (ca. 10.900 Pipes), aufgezogen auf ein 3 mm starkes, geflochtenes Polypropylenseil (PP).

Alle Pipes wurden durch Knoten zwischen den Pipes getrennt.

Mit dieser sehr aufwendigen Extraarbeit wurde der Aufhebung gleicher Polarisationen zwischen den einzelnen Pipes, die beim Auffädeln und dem direkten Kontakt der Enden auftreten könnte, entgegengewirkt. Bei loser Anwendung der Pipes oder auch im Beutel braucht der Polarisation keine Bedeutung beigemessen zu werden.

Das Keramiknetz wurde mit Hilfe von Edelstahlrundhaken im Schwallwasserraum aufgehängt. Die restlichen 35 Beutel wurden z. T. am Boden des Netzes und in den vier Ecken des Schwallwasserraumes zusammengebunden platziert.

Das Wasser der drei Becken fließt zuerst durch den Schwallwasserraum, dann durch die zwei großen Sandfilter und gelangt anschließend gereinigt wieder in die Becken.

EM-Technologie und konventionelle Schwimmbad-Technologie

Die Veränderung des Weichheitsgrades des Wassers unterscheidet sich eindeutig von den Werten der Vorjahre. Die EM-Keramik verändert das Spannungsverhältnis im Wasser, wodurch es weicher wird. In diesem sensiblen System eines öffentlichen Schwimmbades nimmt die EM-Keramik aber auch Einfluss auf die Säurekapazität und den pH-Wert.

Diese Veränderungen gilt es genau zu beobachten, da das gesamte System, im Besonderen die einzusetzenden Flockungsmittel in ihrer Funktion von diesen Werten abhängen.

Im privaten Schwimmbadbereich dürfte die Handhabung der EM-Keramik wesentlich unkomplizierter sein.

EM-Keramik hat die Eigenschaft, Chlor aus dem Wasser zu verdrängen. Das bringt in öffentlichen Bädern, wo das Chlor automatisch immer auf einem gewissen Level gehalten, d. h. nachdosiert wird, auf den ersten Blick nicht wirklich viel. Um zu erreichen, dass weniger Chlor im Wasser ist, müssten die Gaben an freiem Chlor auf die niedrigste zugelassene Menge gesenkt werden.

2004 wurden aufgrund der wenigen Badetage und der geringen Anzahl von Badegästen die Chlorgaben Anfang der Saison bei wenig Betrieb, mit 0,25 - 0,3 gefahren und Mitte der Saison, bei »viel« Betrieb mit 0,4 - 0,44, also ohnehin schon mit geringen Mengen an Chlor.

Wir sind mit unseren Beobachtungen über die Wirksamkeit der EM-Technologie im öffentlichen Freibadbereich stark vom Wetter und auch den sich daraus ergebenden Zahlen der Badegäste abhängig. In diesem Sommer wollen wir versuchen, bei höherer Belastung, sprich besserem Wetter und mehr Badegästen (über 1000), das freie Chlor im niedrigen Grenzbereich

(0,3) zu fahren. Es bleibt zu beobachten, ob die EM-Keramik sich bei hohen Belastungen bewährt und die Chlorwerte stabil bleiben bzw. wie niedrig die Gaben an freiem Chlor bei den jeweiligen Belastungen gehalten werden können. Ausschlaggebend sind dabei die Werte des gebundenen wirksamen Chlors, welche sich aus der Differenz aus dem gesamten wirksamen Chlor und dem freien wirksamen Chlor ergeben.

Bei dem gebundenen Chlor handelt es sich um Verbindungen aus Chlor mit Stickstoff, der vorwiegend durch den Schweiß und den Urin der Badegäste ins Wasser gelangt. Gebundenes Chlor ist reiz- und geruchsintensiv und gilt als gesundheitsbedenklich. Es verursacht auch die oft beklagten Haut- und Augenreizungen sowie den typischen Hallenbadgeruch. Aus diesem Grund wird der Wert der neuen DIN 19643 auf maximal 0,2 mg/l begrenzt.

Interessant ist, dass genau die Haut- und Augenreizungen sowie der typische Chlorgeruch nach einer Umfrage im vergangenen Sommer in Hollfeld deutlich geringer waren als früher.

Es stellt sich die Frage, ob sich die positiven, ausgleichenden Wirkungen der EM-Keramik auf gechlortes Wasser möglicherweise durch die Einflussnahme der EM-Keramik auf gerade diese Chlor/Stickstoffverbindung und damit die Verdrängung des gebundenen wirksamen Chlors aus dem Wasser erklären lassen.

Staunen im Schwallwasserraum

Sehr erfreulich war die Besichtigung des im September 2004 wieder entleerten Schwallwasserraums. Sowohl das EM-Keramik-Netz als auch die zusammengebundenen Beutel haben die durchlaufenden Wassermengen gut überstanden. Im Gegensatz zu unseren EM-Keramik-Pipes lässt sich in dieser zweiten Saison bereits vermuten, dass das Polypropylen-Netz nicht

in alle Ewigkeit halten wird.
Wirklich beeindruckt war der Schwimmmeister vom Zustand des Schwallwasserraums. Die Wände und der Boden waren sehr sauber und mussten kaum noch gereinigt werden. In den vergangenen Jahren waren wesentlich mehr Verschmutzungen und Fettspuren an den Wänden gewesen. Fettspuren waren im letzten Jahr nicht mehr zu finden.

Der Einsatz der EM-Technologie im Freibad, einem technischen, mit chemischen Mitteln funktionierenden System, ist ein Einsatzgebiet mit vielen Unbekannten, an die wir uns in den nächsten Jahren Schritt für Schritt herantasten werden.

Was sich sonst noch in Franken tut, beobachten wir alle gespannt. Mehr über laufende und geplante EM-Projekte erfahren Sie auch auf den Veranstaltungen im Raum Franken.

Weitere Informationen erhalten Sie unter:
www.der-lebendige-weg.de

10.2.2 Reinigung einer Grundwasseranreicherungsanlage mit der EM-Technologie

von Gabriella Höfler

Pilotprojekt
Im Frühjahr 2005 hat Hans Rosewich von seiner Wohngemeinde Dottikon den Auftrag erhalten, mit Hilfe von EM (Effektiven Mikroorganismen) die örtliche Grundwasseranreicherungsanlage zu reinigen und biologisch aktiv zu erhalten. Zu dritt, Margrit Merz, Hans Rosewich und ich, nahmen wir diese Herausforderung an und starteten das Pilotprojekt.

Das Wasser in der Grundwasseranreicherungsanlage war schon einige Jahre nicht in einem erwünschten Zustand.

Situation der Grundwasseranreicherungsanlage

Die Anlage liegt oberhalb eines Grundwasserpumpwerks. Sie besteht aus einem Absetzbecken von 200 m³ Inhalt und einem Sickerbecken mit einem Fassungsvermögen von 3.000 m³. Der Zulauf erfolgt durch zwei Leitungen, welche vor der Eindohlung offene Bachläufe waren. Zusätzlich läuft das Oberflächenwasser einer Baumschule hinein.

Bei Trockenheit beträgt die Zulaufmenge 150 l pro Minute. Bei optimalen Bedingungen können 350 l Wasser pro Minute versickern. Jährlich versickern ungefähr 80.000 m³ Wasser in dieser Anlage.

Probleme

Das Zulaufwasser ist durch die Kunstdüngung der Wiesen und den Einsatz von Chemikalien bei den Containerkulturen in der Baumschule sehr stark belastet. Am Boden des Sickerbeckens bildeten sich enorm viele Algen und das Wasser sickerte zu langsam ab.

Wir nehmen an, dass die Fäulnisprozesse auf dem Grund der Anlage vor allem auf die Überdüngung des Wassers zurückzuführen sind.

Einsatz der EM-Technologie

Als erste Sofortmaßnahme gossen wir am 8. April 2005 125 l EMa ins Absetzbecken. Man konnte zuschauen, wie sich das EMa im Wasser verteilte und so langsam über die Überfallmauer floss. Diese Mauer war mit einer dicken grünlichen Algenschicht bedeckt. Wir versuchten an einer Stelle die Mauer von Hand von den Algen zu befreien, was jedoch nicht gelang.

Herstellung und Einsatz von Dangos

Zu dritt formten wir von Hand 350 Dangos aus Futterbokashi, Spielsand und EM-X-Keramikpulver und ließen diese zwei Wochen trocknen. Drei Wochen nach dem ersten Einsatz von EMa verteilten wir die Dangos in die beiden Becken. Erstaunlich war, dass das Wasser durch die erste Maßnahme bereits klarer geworden war.

Bei unserer nächsten Besichtigung der Anlage am 25. Mai 2005 waren wir sehr überrascht. Auf der ganzen Wasseroberfläche schwammen Algen. Die Fäulnisprozesse am Grund des Beckens fingen an sich aufzulösen.

Wir gaben als weiteren Impuls nochmals 100 l EMa ins Wasser. Diese Menge wiederholten wir nur noch einmal am 29. Juni 2005. In der Zwischenzeit wurden die Algen, so gut es ging, von Hans Rosewich abgefischt.

Erfolg durch die EM-Technologie

Schon im ersten Jahr während des Einsatzes der EM-Technologie wurde eine wesentliche Verbesserung der Wasserqualität erreicht.

Der Einsatz der EM-Technologie und unser Pioniergeist haben sich gelohnt. Nach dem Einbringen der Dangos und einer größeren Menge EMa ist das übermäßige Algenwachstum sehr stark zurückgegangen, die Schaumbildung hat abgenommen und die Algenschicht an der Überfallmauer kann von Hand gelöst werden.

Die Versickerung wurde dadurch sichtbar verbessert. Um das Gleichgewicht im Wasser halten zu können, schüttete Hans Rosewich monatlich bis Ende November 35 l EMa hinein.

EM hat geholfen, die Sickeranlage wieder ins Gleichgewicht zu bringen! Das Wasser sickerte den ganzen Sommer über kontinuierlich ab.

Weitere Massnahmen im Jahr 2006
Im Frühjahr wird die Gemeinde wahrscheinlich das Absetzbecken vom Geröll befreien, welches von den Bächen angeschwemmt wurde. Um das Gleichgewicht in dieser Grundwasseranreicherungsanlage zu sichern, werden wir das Wasser ab Frühjahr weiterhin regelmäßig mit EMa impfen.

Zeitablauf des Experiments

8. April 2005	125 l EMa als erste Impfung
22. April 2005	350 Dangos
25. Mai 2005	100 l EMa
29. Juni 2005	100 l EMa
Aug. – Ende November 2005	monatlich 35 l EMa

Dango Herstellung:

1 kg Spielsand
1 kg Futterbokashi
50 g Keramik
½ l EMa
Alles mischen, von Hand Tennisball große Kugeln formen und in einem warmen Raum ca. zwei Wochen trocknen lassen.

10.3 Rezeptesammlung zur Anwendung der EM1-Technologie in kleinen bis mittelgroßen Gewässern

10.3.1 Herstellen von EMa aus EM1, Zuckerrohrmelasse und warmem Wasser in nur sieben Tagen

entnommen aus: »EM-Lösungen – Haus und Garten«

EM1 zur Anwendung zu vermehren ist ratsam, wenn man viel braucht, weil EM-Technologie damit sehr preiswert wird.

In der Standardrezeptur kann man aus einem Liter EM1 33 Liter EMa bereiten. Die Vermehrung erfolgt nach folgendem Grundrezept: 94 % Wasser mit 3 % Zuckerrohrmelasse und 3 % EM1 sieben Tage lang bei 35 bis 38 °C warmstellen.

Die Zuckerrohrmelasse wird in etwas fast kochendem Wasser aufgelöst. Gute Melasse ist sehr dickflüssig und zäh. In kaltem Wasser löst sie sich nur ungern. Mit dem erhitzten Wasser schüttelt man das Ansatzgefäß so lange oder rührt darin, bis die gesamte Zuckerrohrmelasse aufgelöst ist. Nicht aufgelöste Melasse kann von den Effektiven Mikroben nicht optimal verarbeitet werden. Dann gibt man den Rest kühleres Wasser hinzu, damit die Flüssigkeit unter 40 °C abkühlt. Der Ansatz sollte so warm wie ein Babyfläschchen sein. Anschließend gibt man das EM1 hinzu.

Bei 37 °C laufen die Vorgänge des Lebens optimal ab. Deswegen haben Menschen und die meisten Säugetiere eine Körpertemperatur von 37 °C.

Das Ansatzgefäß wird dann möglichst voll mit handwarmem Wasser aufgefüllt. Nun sorgt man dafür, dass das Gefäß mit dem EMa-Ansatz sieben Tage lang warm stehen kann und die Gärgase (CO^2) entweichen können. Dazu kann man auf das Gärgefäß einen Gärtrichter aufsetzen oder spezielle Entgasungsdeckel benutzen. Die einfachste Lösung für zuhause ist, den normalen Deckel auf den Kanister oder die Flasche zu setzen und diesen nicht ganz zuzudrehen.

Die bei der Mikrobenvermehrung entstehende Kohlensäure (CO^2) muss entweichen können, sonst platzt eventuell sogar das Gefäß. Es soll jedoch kein Sauerstoff eindringen können.

Nach diesen Rezepten vermehrt kostet ein Liter EMa gerade noch 0,90 .

10.3.2 Technik zur Herstellung von EMa

Produktmengen zur Herstellung von EMa

Vermehrungs-Gefäß	*ZR-Melasse*	*Wasser kochend*	*Wasser handwarm*	*EM1*
1 l Pet-Flasche	*30 ml*	*100 ml*	*knapp 1 l*	*30 ml*
1,5 l Pet-Flasche	*45 ml*	*150 ml*	*knapp 1,5 l*	*45 ml*
5 l Kanister	*150 ml*	*1 l*	*knapp 4 l*	*150 ml*
10 l Kanister	*300 ml*	*1,5 l*	*knapp 8 l*	*300 ml*

Anmerkung für den Hausgebrauch:
45 ml sind in etwa 2 gut gefüllte Schnapsgläser, 30 ml somit etwa 1,5 normal gefüllte Schnapsgläser. 150 ml entsprechen in etwa einer normalen kleinen Kaffeetasse.

Technik zur Herstellung von EMa (Fermenter) kann man im EM1-Fachhandel kaufen. Diese Wärmebehälter arbeiten zuverlässig, wenn sie in einem Raum stehen, der mindestens 15 °C warm ist. Ist es kälter, sollte man den Behälter zusätzlich isolieren. In der Praxis geschieht das oft mit alten Wolldecken, insbesondere wenn ein Fermenter im kühlen Keller oder in einer kühlen Garage steht.

Solche Wärmebehälter kann man natürlich auch selbst bauen. Tipps dazu finden Sie auf der Website des EM e.V., www.EMeV.info und im Buch »EM-Lösungen – Haus und Garten«.

Technisch begabten Menschen sind bei der Erfindung solcher Wärmemöglichkeiten keine Grenzen gesetzt. Als Wärmeschränke umgebaute Kühlschränke existieren zuhauf in der Praxis. Landwirte bauen sich Wärmemöglichkeiten, um Tausende Liter EMa in einem Arbeitsgang herzustellen.

10.3.3 Dangos herstellen (Frikadellen mit vielen guten Mikroben)

Ein »Dango« aus Sand, Bokashi und EMa. Damit bringt man sehr viele erwünschte Mikroben in faulenden Untergrund von Gewässern. Ein Dango reicht für ein bis fünf Quadratmeter Grundfläche, je nach Problemstellung in der Ausgangssituation.

Der Begriff »Dango« kommt aus dem Japanischen und bedeutet in der EM-Fachsprache, dass in einem kleinen Bällchen, so groß wie eine große Frikadelle oder ein Tennisball, möglichst viele Effektive Mikroorganismen vermehrt werden und sich dort häuslich einrichten. Diese werden in die Gewässer geworfen, sinken auf den Grund und bilden dort im Sediment die Keimzellen für eine gute Mikrobenstruktur.

Die Mikrobenstruktur ist besser, wenn die Dangos zehn bis zwanzig Tage an einem Ort mit Temperaturen von über 15 °C gereift sind. Dann sinken die Dangos auch kompakt bis auf den Grund, wo die Mikroben ihre Arbeit erledigen sollen.

Mengen zur Herstellung von einfachen Dangos bei verschieden großen Teichen

Produkt	Teichfläche $10\,m^2$	Teichfläche $100\,m^2$
Urgesteinsmehl	1 kg	10 kg
EM-Super-Cera-Pulver	0,05 bis 0,5 kg	0,5 bis 5 kg
EM1 oder EMa	0,5 bis 0,8 l	5 bis 8 l

Achten Sie bei der EMa/EM1-Zugabe darauf, dass der Teig, den Sie herstellen, sich gut formen lässt. Danach passen Sie die Flüssigkeitsmenge an. Passend ist die Feuchtigkeit dann, wenn man die Mischung in der Faust zusammenpresst und das Material zusammenbleibt. Dieser Ballen sollte zerfallen, sobald man ihn mit der Fingerspitze berührt. Dann hat das Material 30 % Feuchtigkeit und ist richtig. Die Ausgangsmaterialien nehmen unterschiedlich viel Flüssigkeit auf. Das muss wie bei einem Kochrezept berücksichtigt werden.

Mengen zur Herstellung von Super-Dangos

Produkt	Teichfläche $100\,m^2$	Teichfläche $500\,m^2$
feiner, gewaschener Sand	5 kg	25 kg
Bokashi aus Kleie	5 kg	25 kg
EM-Super-Cera-Pulver	0,5 kg	2,5 kg
EM1 oder EMa	2 bis 3 l	10 bis 15 l

Super-Dangos setzen wir immer ein, wenn wir große Wassermengen in größeren Gewässern bearbeiten, insbesondere dann, wenn auch noch viel Faulschlamm vorhanden ist.

Bei der Reifung der Dangos kommt es immer wieder vor, dass sich ein Pilzflaum um den Dango bildet. Das ist gut, weil auch viele Pilze zu den erwünschten Mikroben gehören. Sie helfen mit, organisches Material ohne Fäulnis umzusetzen.

10.3.4 Bokashi herstellen

»Bokashi« ist auch ein japanischer Begriff und bedeutet »allerlei fermentiertes organisches Material«. Am einfachsten stellt man Bokashi aus Kleie, EM1, Zuckerohrmelasse und warmem Wasser her.

Material:
Kleie aus dem Futtermittelhandel (da, wo es auch Pferdefutter zu kaufen gibt, 20 kg kosten ca. 15 , notfalls aus dem Reformhaus, 0,5 kg ca. 2,30), fertiges EMa oder warmes Wasser, EM1 und Zuckerrohrmelasse.

Bokashi-Rezept
10 kg Kleie mit 3 l fertigem EMa vermischen und gut verkneten. Diese Masse in stabile Plastikbeutel (zum Beispiel Gefrierbeutel) füllen und gut verdichten.

Den Beutel mit dem gut zusammengepressten Bokashi luftdicht verschließen.

Statt der Plastikbeutel kann man auch sehr dicht schließende Eimer (zum Beispiel Mayonnaise-Eimer aus dem Lebensmittelhandel) nehmen.

Die fertigen Gebinde über drei bis sechs Wochen warm (möglichst bei 20 °C Raumtemperatur) lagern. Nach der Lagerzeit riecht das Material wie ein guter Sauerteig, manchmal auch nach Alkohol (wie das Lösungsmittel von Uhu). Dann ist die Kleie gut durchfermentiert (hat einen Sauerkrautprozess durchlaufen) und kann in den Sand eingearbeitet werden.

Ist kein EMa fertig, kann man die Flüssigkeit zum Anfeuchten der Kleie auch so vorbereiten: Eine Tasse Zuckerrohrmelasse in heißem Wasser auflösen, kälteres Wasser hinzugeben, sodass die Flüssigkeit weniger als 40 °C, aber nicht weniger als 35 °C warm ist. Dann eine Tasse EM1 zufügen. Man nimmt so viel Wasser, dass zum Schluss 3 l Flüssigkeit zum Anfeuchten der Melasse vorhanden sind.

Dieses Bokashi (links) ist noch etwas zu feucht. Gibt man etwas Kleie zu, reduziert diese die Feuchtigkeit und man bekommt ein besseres Ergebniss (rechts).

10.4 Bezug von EM1 und den Produkten der EM-Technologie, Beratungsstellen

Beratungsstellen

Bei diesen Adressen kann man sich nach Händlern und Beratern vor Ort erkundigen. Sie gehören zu den von Prof. Dr. Higa ausschließlich autorisierten EMRO-Partnern.

Deutschland
EMIKO Handelsgesellschaft mbH, Unterer Dützhof, Vorgebirgsstraße 99, D-53913 Swisttal-Heimerzheim,
Telefon: + 49 (0) 22 22-93 95-0, Fax: + 49 (0) 22 22-93 95 19
Email: info@emiko.de, www.emiko.de

Österreich (z. Zt. auch Italien, Slowenien, Kroatien, Tschechei, Slowakei, Ungarn)
Multikraft GmbH, A-4631 Haiding/Wels,
Telefon: + 43 (0) 72 49-46 26 2-0, Fax: + 43 (0) 72 49-46 26 2-23,
Email: office@multikraft.at, www.multikraft.com
Schweiz
Bionova-Hygiene GmbH, Schöngrund 29, CH-6343 Rotkreuz,
Telefon: + 41 (0) 41-28 02 21 1, Fax: + 41 (0) 41-28 05 51 1,
Email: info@bionova-hygiene.ch, www.bionova-hygiene.ch

Hersteller von EM1 in der Schweiz
www.emtech.ch

Niederlande und Belgien (z.Zt. auch Frankreich)
EM Agriton BV, Industriestraat 1b, NL-8391 AG Nordwolde,
Telefon: + 31 (0) 56 1-43 31 15, Fax: + 31 (0) 5 61-43 26 77,
Email: info@agriton.nl , www.agriton.nl

Norwegen
Lore Thorsby, Lindkjoelen, N-2280 Magnor,
Telefon: + 47 (0) 62 8-37 33 1, Fax: + 47 (0) 62 8-37 43 4,
Email: lore.thorsby@Emmiljo.com

England
Fran Box, www.effectivemicro-organisms.co.uk

Kontakt in andere Länder
EMRO eHG Deutschland GmbH, Lindenstraße 28,
D-16269 Bliesdorf OT Metzdorf, Telefon: + 49 (0) 33 45 6-15 97 9,
Fax: + 49 (0) 33 456-15 97 8, Email: info@emro-ehg.de

Informationen über die EM-Technologie

Die gemeinnützigen EM-Vereine geben Auskunft und vermitteln Kontakte, z. B. zu Arbeitsgruppen, Landwirten oder Verbrauchern, die EM1 anwenden.

Deutschland
EM e. V. Deutschland, Gesellschaft zur Förderung regenerativer Mikroorganismen, Am Dobben 43a, D-28203 Bremen,
Telefon + 49 (0) 42 1-33 08 78 5, Fax: + 49 (0) 42 1-33 08 79 5
Email: info@EMeV.info, www.EMeV.info

Österreich
EM e. V. Österreich, Gesellschaft zur Förderung regenerativer Mikroorganismen, Stift 1, A-4582 Spital am Pyhrn, Telefon und Fax: +43 (0) 31 44-46 32

Schweiz
IG-EM CH (Interessengemeinschaft-EM Schweiz), Ueli Rothenbühler, Hämlismatt, CH-3508 Arni, Telefon: +41 (0) 31-70 12 55 8, Email: info@ig-em.ch, www.ig-em.ch

11 Literaturempfehlungen

Higa, Teruo: Eine Revolution zur Rettung der Erde. Xanten (Organischer Landbau-Verlag) 2003. ISBN 3-922201-35-0.
Teruo Higa, Gartenbauprofessor auf Okinawa, Japan, legt dar, wie er die EM fand und warum er EM1 nicht hat patentieren lassen. Anhand vieler Beispiele zeigt er auf, dass EM tatsächlich viele Dinge beeinflussen kann, die uns heute als Umweltprobleme bekannt sind.

Higa, Teruo: Die wiedergewonnene Zukunft. Xanten (Organischer Landbau-Verlag) 2004. ISBN 3-922201-42-3.
Teruo Higa beschreibt in diesem Buch die Weiterführung der vielen Projekte, die im ersten Buch als Experiment vorgestellt wurden. Der Leser erfährt weiterhin, in welch unglaublich vielen Bereichen in über 120 Ländern auf dieser Welt EM1 eingesetzt wird. Es regt die Phantasie an, wo auch in Europa EM1 seinen Platz finden wird.

Higa, Teruo und Chinen, Ryuichi: EM-Salz. Vitalität und Gesundheit durch reines Salz und Effektive Mikroorganismen. Aus dem Japanischen von Wolfgang Höhn und Mariko Sakai. München (Goldmann) 2004. ISBN 3-442-21696-6.
Prof. Higa und sein Mitautor führen in diesem Buch sehr viele Beispiele an. Sie vergessen jedoch nie, die dahinter stehende Logik der Natur offenzulegen. So hat der Leser viele Chancen, seine eigenen Gedankengänge zu überprüfen.

Mau, Franz-Peter: EM. München (Goldmann) 2002. ISBN 3-442-14227-X.
Franz-Peter Mau hat im EM-Buch die ersten fünf Jahre praktischer Erfahrung mit EM in Deutschland und anderen europäischen Staaten zusammengefasst. Er gibt viele praktische Hinweise für die Verwendung von EM in Haushalt, Garten, Landwirtschaft und Umwelt.

Henning, Erhard: Geheimnisse der fruchtbaren Böden. Xanten (Organischer Landbau-Verlag) 2002. ISBN 3-922201-09-1.
Erhard Henning vermittelt sein umfassendes Wissen über die Erkenntnisse der Bodenkundler und Humusforscher, die insbesondere in den 50er Jahren führend waren. Henning kombiniert deren Wissen mit aktuellen Erfahrungen von vielen heute tätigen Boden- und Humusforschern.

Rusch, Hans Peter: Bodenfruchtbarkeit. Eine Studie biologischen Denkens. Xanten (Organischer Landbau-Verlag) 2004. ISBN 3-922201-45-8.
Hans Peter Rusch, Humanmediziner und Entwickler des Arzneimittels *Symbioflor* zur Wiederbelebung von menschlichen Verdauungstrakten nach Einnahme eines Antibiotikums, ist der Begründer des biologischen Anbauverbandes »Bioland«. Das vorliegende Werk ist eine Grundlage für den organischen Landbau, weil Rusch die Grundlagen für das Verständnis des Bodens als Katalysator für die Existenz unseres Planeten Erde gelegt hat. Ein »Muss« für jeden, der den Boden verstehen will.

Rusch, Volker: Bakterien – Freunde oder Feinde? Stuttgart (Urania Verlag) 1999. ISBN 3-332-00567-7.
Volker Rusch ist der Sohn von Hans Peter Rusch und promo-

vierter Mikrobiologe. Er bringt dem Leser die Mechanismen der Mikroben in Verdauungstrakten und den Aufbau des Immunsystems in sehr lesbarer Form nahe.

Konemann, Elmer W.: Am anderen Ende des Mikroskops. Heidelberg (Spektrum Akademischer Verlag) 2003. ISBN 3-8274-1459-8. Der emeritierte Professor für Mikrobiologie Elmer Konemann erfüllt sich mit dem Buch über einen fiktiven Mikrobenprozess einen Lebenstraum: Er wollte schon immer Mikrobiologie für jedermann verständlich machen. Die Mikroben treffen sich zum Weltkongress, weil sie vermuten, dass die Benennung des »Homo sapiens« falsch ist. Sie diskutieren die Umbenennung des Menschen in wissenschaftlicher Manier. Wäre der Mensch wirklich »sapiens«, also weise, ginge er anders mit den Mikroben um. Ich habe selten so viel gelacht und gleichzeitig von den Mikroben verstanden.

Tanaka, Shigeru: EM-X. Über die heilende Kraft von Antioxidantien aus Effektiven Mikroorganismen (EM). Xanten (Organischer Landbau-Verlag) 2003. ISBN 3-922201-41-5. Shigeru Tanaka ist Humanmediziner und betreibt in Japan eine Schmerzklinik. Er setzt seit Jahren EMX als zentrales Hilfsmittel ein, um die Selbstheilung des Menschen zu aktivieren.

EM-Journal, Organ des gemeinnützigen EM e. V. (erscheint alle drei Monate), ist das zentrale Kommunikationsorgan der EM-Anwender im deutschsprachigen Europa. Eine Mitgliedschaft im EM e. V. wird dringend empfohlen, da über den Verein die beste und schnellste Informationsverbreitung stattfindet. Unter www.EmeV.info können Sie die ersten Ausgaben des Journals aus der Datenbank herunterladen.

Deep Subsurface Microbiology. Bulletin der ETH Zürich, Nr. 294, August 2004.

Rundengespräche der Kommission für Ökologie, 23, Bedeutung der Mikroorganismen für die Umwelt. ISBN 3-931516-97-0.

Bischof, Marco: Biophotonen, Das Licht in unseren Zellen. Frankfurt (ZWEITAUSENDEINS) Dezember 2005.

Wissenschaftliche Literatur über EM liegt in den englischsprachigen Zusammenfassungen der internationalen Wissenschaftstagungen von EMRO vor. Diese kann über die EM-Hersteller eingesehen oder erworben werden.

Zeolith
Weitere Informationen unter www.zeolith.de

Wissenschaftliche Literatur über EM liegt in den englischsprachigen Zusammenfassungen der internationalen Wissenschaftstagungen von EMRO vor. Diese kann über die EM-Hersteller eingesehen oder erworben werden.

Video/DVD (aus dem EM1-Fachhandel)

Life in the Soil. Video mit deutschen Erläuterungen, 30 Minuten über die Zusammenhänge des Bodenlebens. Es zeigt Zusammenhänge des Bodenaufbaues und lehrt die Entstehung des Bodens. Besonders spannend, fast wie ein Krimi, sind die mikroskopischen Aufnahmen, die zeigen, wie Mikroben in die Pflanze einwandern und sie ernähren. Faszinierend ist auch zu sehen, wie die Bodenmikroben sich abgrenzen, zusammen- arbeiten und Schadorganismen in ihre Grenzen weisen.

Neuland. DVD oder Video, 30 Minuten, neu überarbeitet. Die mit dem Grimme-Preis ausgezeichnete Münchener Dokumentarfilmerin Angelika Schubert hat Bauern, die EM anwenden, einen Sommer über beobachtet und deren Denken und Handeln aufgezeichnet. Ein kurzes Interview mit Prof. Dr. Monika Krüger, Veterinärmedizinerin in Leipzig und EM-Forscherin, gibt einen gut verständlichen Einblick in den wissenschaftlichen Hintergrund der Arbeit mit EM.

Bildnachweise

Illustrationen:

Christoph Raffelt

Fotos:

Peter Rudolf: Seiten, 10, 18 unten, 29, 83

Dieter Aust: Seite 44

Walburga Böll: Seiten 42, 43

EMIKO Werksaufnahmen: Seiten 14, 15, 70 unten

Johanna Assmann: Seite 64

Ulrike Hader (Multikraft): Seite 63

Reinhardt Mau: Seite 81

Mitra Sepidbarin: Seiten 111, 112

Gabriella Höfler: 117, 118, 122

Christoph Raffelt: 103 unten

iStock: Shane Link, Seite 19 / Sass van Veen, Seite 32 / Phillip Baer, Seite 54 / Igor Karon, Seite 65

Gisela van den Höövel, Ernst Hammes: alle weiteren Fotos

EM Lösungen, Haus und Garten

Möglichkeiten und Grenzen der effektiven Mikroorganismen

Ernst Hammes
Gisela van den Höövel

Klappenbroschur,
21x14,8 cm, 256 Seiten
ISBN-13: 978-3-937640-31-0
14,95 Euro

In einer Handvoll Erde leben mehr Mikroben, als Menschen auf der Welt sind. Dort bilden die Mikroben das Immunsystem der Pflanzen. Ohne Mikroben ist kein Leben möglich. Sie sind aus naturwissenschaftlicher Sicht die Träger allen Lebens.

Die Menschen benutzen Mikroben seit Tausenden von Jahren zur Bearbeitung von Lebensmitteln. Diese werden durch die Behandlung haltbar und wertvoller für die Ernährung. Bis heute sind die Mikroben jedoch von der Wissenschaft nicht endgültig erforscht, noch weniger, wie sie zusammenwirken.

Es ist immer wieder faszinierend, wie oft die Effektiven Mikroorganismen Probleme verändern, lösen und uns inspirieren, neue Fragestellungen aufzuwerfen, zu überdenken und Lösungen mit EM1 zu erarbeiten.

Ernst Hammes und Gisela van den Höövel haben mit diesem Handbuch eine praxisnahe Anleitung zur Anwendung der Effektiven Mikroorganismen (EM) für Haushalt und Garten zusammengestellt.

Detaillierte Anleitungen, Tipps, aktuelle Erfahrungsberichte und Bezugsquellen geben Anfängern einen Überblick über das Konzept und die mannigfaltigen Einsatzmöglichkeiten von EM. Kenner der Materie werden viele neue Anregungen finden, EM in den Alltag einzubinden.

EM und der Kreislauf des Lebens

naturwissenschaftlich
philosophisch
logisch

Ernst Hammes

Klappenbroschur,
21x14,8 cm, 80 Seiten
ISBN-13: 978-3-937640-69-3
7,50 Euro

4. erweiterte Neuauflage 2008

Die Furcht vieler Wissenschaftler vor entgleisenden Mikrobenbiotopen hemmt die Forschung. Angewandte Hygieniker denken seit langem darüber nach, durch die Anwesenheit guter Mikroben den Platz für potentiell pathogene Keime zu besetzen. Daraus würden sich völlig andere Strategien zur Hygiene entwickeln lassen.

Die Biologie lehrt seit etwa zwei Jahrzehnten, dass die mikrobielle Umsetzung organischer Substanz die Grundlage des Pflanzenlebens ist.

Die vorliegende Schrift beschreibt in Kurzform Erkenntnisse aus Biologie, Physik und Medizin auf Relevanz für Landwirtschaft, Hygiene und Ernährung.

Das Produkt EM1, ein Milchsäure betonter Mikrobenmix, wird seit 1982, von Japan kommend, in inzwischen über 120 Ländern der Erde in der landwirtschaftlichen Praxis erfolgreich verwendet. Damit lässt sich zu minimalen Kosten das Faulen organischer Substanz in biologischen Systemen (Boden, Verdauung, Abfallhaufen) verhindern. Erwünschte Mikrobenbiotope besetzten die Plätze, die von potentiell pathogenen oder Fäulnis erregenden Mikroben besiedelt werden könnten.

Jeder Abfall kann so zur Grundlage neuen Lebens im seit Jahrmilliarden funktionierenden Kreislauf der Materie auf unserem schönen Blauen Planeten werden.

EM Lösungen kompakt
Pferde

Möglichkeiten und Grenzen der Effektiven Mikroorganismen

Ernst Hammes

Klappenbroschur,
21x14,8 cm, 48 Seiten

ISBN-13: 978-3-937640-34-1
12,95 Euro

Pferde sind Fluchttiere, die ursprünglich aus der Steppe stammen. Heute jedoch leben sie bei uns geschützt in komfortablen Ställen. Das Futter wächst ihnen ins Maul. Ein Paradies?

Hufprobleme, hohe Tierarztkosten und Auffälligkeiten im Verhalten prägen leider allzu oft das Erscheinungsbild der Pferde, und zwar unabhängig davon, ob sie privat oder professionell gehalten werden.

Traditionell beachten wir Genetik, Fütterung und Haltung, wenn wir ein gutes Umfeld für Pferde schaffen wollen. In **EM Lösungen kompakt – Pferde** wird der Blick auf die Gesundheit der Tiere jedoch um den Faktor Mikrobiologie erweitert.

Seit fast 20 Jahren ist bekannt, dass die Mikroben des Bodens die Pflanzen besiedeln. Die Mikroben auf den Pflanzen sind die Grundlage einer guten Verdauung und damit verantwortlich für die Gesundheit der Tiere.

Was gute Mikroben für die Praxis der Pferdehaltung bedeuten, erfahren Sie in diesem Buch, zu dem viele Praktiker, Hobbyhalter, Rennpferdehalter und Züchter ihre Erfahrungen beigesteuert haben. Wegen der unterschiedlichen Erfahrungen und Sichtweisen ermöglicht das Buch vielfältige Blicke auf die Pferdehaltung und gibt Antwort auf die Frage, ob und wie EM1 helfen kann.

Verdauung leicht gemacht

Möglichkeiten und Grenzen milchsaurer Multimikrobenpräparate

Ernst Hammes
Gisela van den Höövel

Broschüre,
21x14,8 cm, 114 Seiten
inklusive Hörbuch auf CD

ISBN-13: 978-3-937640-61-7
18,95 Euro

Im menschlichen Verdauungssystem existieren zehnmal mehr Bakterien, Hefen, Pilze und andere Einzeller, als der Mensch Körperzellen besitzt. Diese unzähligen Mikroorganismen sorgen in einer bemerkenswerten Symbiose dafür, dass der Mensch gesund bleibt.

Doch die Menschheit hat in den letzten 200 Jahren einen in ihrer Geschichte beispiellosen Kampf gegen Mikroben geführt. Das Resultat sind immer gefährlicher werdende Pilze, Bakterien und Viren, die bislang unbekannte und vielfach sehr ungünstig verlaufende Krankheiten und damit hohe Kosten im Gesundheitswesen, in der Hygiene und der Nahrungsmittelproduktion verursachen.

Die wissenschaftlichen Erkenntnisse, die Möglichkeiten zur Abhilfe aufzeigen können, liegen überwiegend seit Jahren vor, lagern aber in den Bibliotheken unterschiedlicher Fakultäten.

In **Verdauung leicht gemacht** wird dieses Wissen in verständlicher Form so zusammengefasst, dass sich daraus neue und einfache Gesundheitsstrategien entwickeln lassen.

Auf der beigefügten CD teilt der Autor seine Gedanken in ausführlicher und unterhaltsamer Form mit und eröffnet damit neue Wege zu einer gesünderen Lebensweise.

Die Eifel – Natürlich gut
Schmetterlinge der Eifel

Helga Keikut

Paperback, 17 x 11,3 cm

ISBN-10: 3-937640-11-8
ISBN-13: 978-3-937640-11-2

80 Seiten, 8,80 Euro

Schmetterlinge – ›Fliegende Edelsteine‹ oder ›Gaukler der Lüfte‹ werden sie oft liebevoll genannt. Einige kennen wir aus unseren Parks und Gärten: Kleiner Fuchs, Tagpfauenauge, Zitronenfalter und Admiral.

Aber kennen Sie auch den Waldteufel? Er ist der heimliche Star unter den Schmetterlingen im Urfttal bei Nettersheim. Doch nicht nur seinetwegen lohnt sich ein Besuch des gerade eingeweihten Schmetterlingspfades.

Ca. 60 Arten kommen dort und auch in anderen Gebieten der Eifel vor. Einige möchten wir Ihnen in diesem Buch vorstellen. Außerdem erhalten Sie interessante Informationen zu Lebensräumen, Futterpflanzen und Flugzeiten der Schmetterlinge.